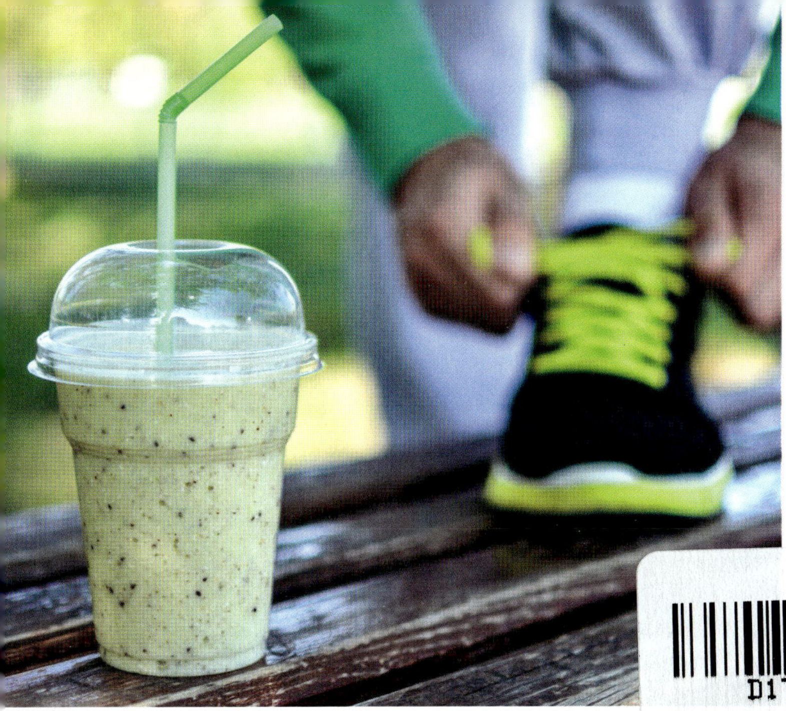
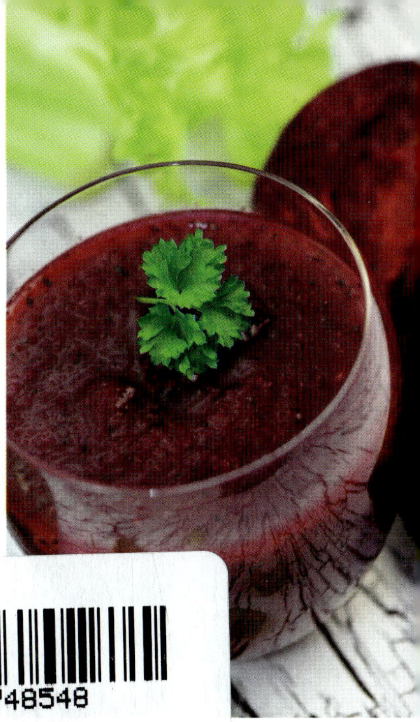

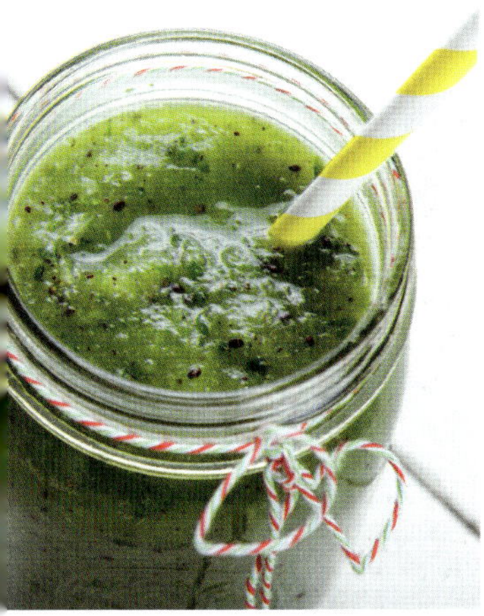
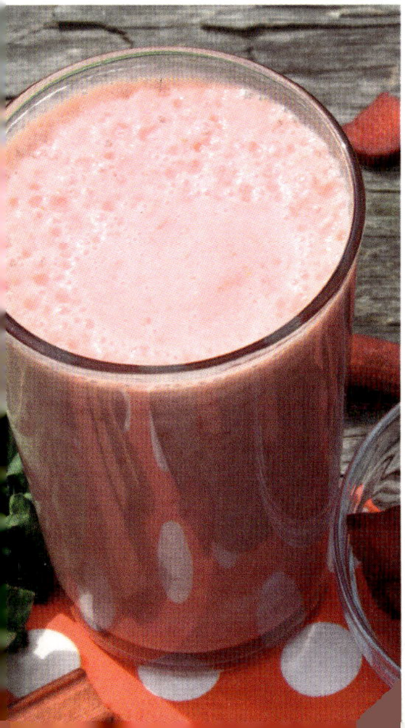
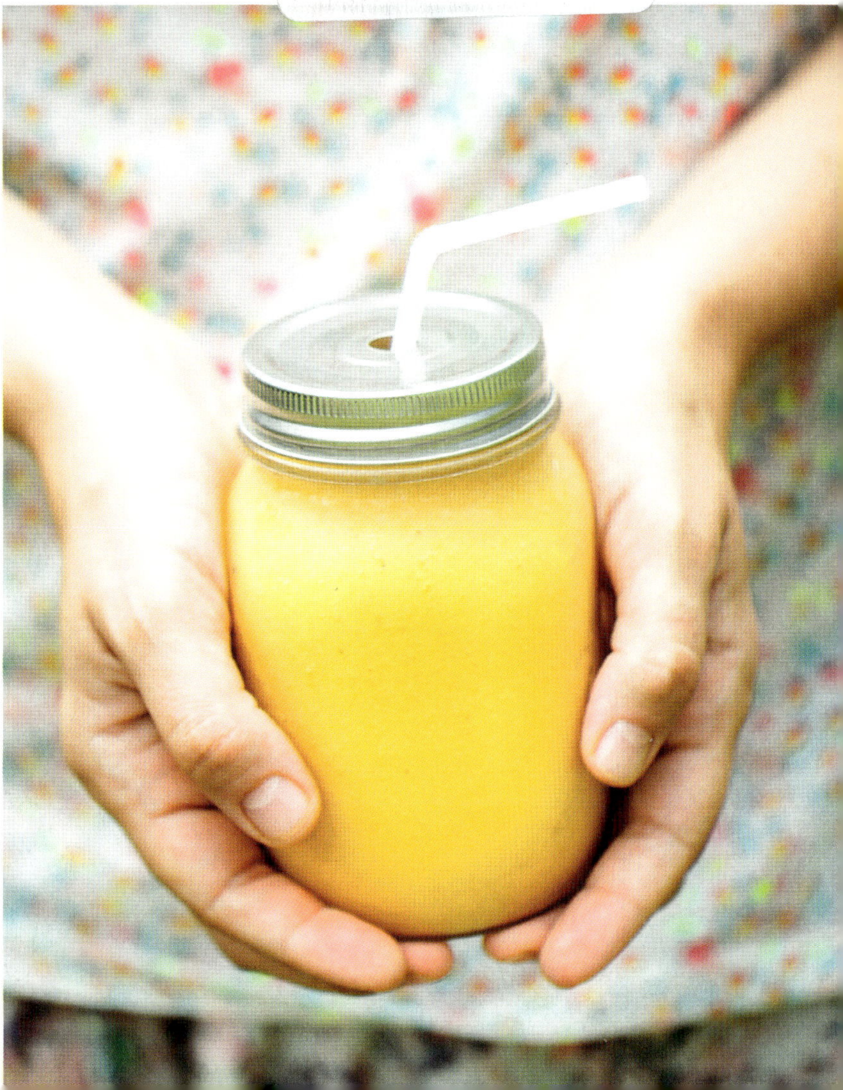

IMPRESSUM

Math. Lempertz GmbH
Hauptstraße 354
53639 Königswinter
Tel.: 02223 / 90 00 36
Fax: 02223 / 90 00 38
info@edition-lempertz.de
www.edition-lempertz.de

© 2016 Mathias Lempertz GmbH

Alle Rechte vorbehalten. Ohne ausdrückliche Genehmigung des Verlages ist es nicht gestattet, das Buch oder Teile daraus zu vervielfältigen oder auf Datenträger aufzuzeichnen.

Dieses Kochbuch wurde nach bestem Wissen und Gewissen verfasst. Weder der Verlag noch der Autor tragen die Verantwortung für ungewollte Reaktionen oder Beeinträchtigungen, die aus der Verarbeitung der Zutaten entstehen.
Der Markenname „Thermomix" ist rechtlich geschützt und wird nur als Bestandteil der Rezepte verwendet. Für Schäden, die bei der Zubereitung der Gerichte an Personen oder Küchengeräten entstehen, wird keine Haftung übernommen.
Bitte beachte die Anwendungshinweise der Gebrauchsanweisung deines Thermomixgerätes.

LIKE US ON facebook   www.facebook.com/MIXtippRezepte

Titelbild: Fotolia
Lektorat: Alina Groß, Sarah Petrovic
Layout/Satz: Christine Mertens
Gesamtherstellung: Print Consult GmbH, München
Printed and bound in Slovenia

ISBN: 978-3-945152-17-1

Fotos © fotolia: Viktorija, Denisa V, Vitalina Rybakova, moonkin, macrovector, Bigio, Liliya Shlapak, Eleonora Ivanova, blueringmedia, julkapulka13, fahrwasser, topntp, sgabby2001, Irina Schmidt, M.studio, olegganko, Jenifoto, vanillaechoes, Studio7192, Zerbor, pauchi, Boyarkina Marina, lilechka75, 5ph, Ana Blazic Pavlovic, sarsmis, cook_inspire, Maksim Shebeko, saschanti, la_vanda, Arkady Chubykin, nikolaborovic88, gitusik, dolphy_tv, denio109, Sonja Birkelbach, laszlolorik, Peteers, azurita, crupovnitchi, nata_vkusidey, matttilda, severga, Africa Studio, vm2002, ivanmateev, armano777, bit24, zoeytoja, Jenifoto, lecic, fox17, gitusik, Inga Nielsen, karepa, mllevphoto, Printemps, ExQuisine, mllevphoto, lily_rocha, Tomsickova, ulianna19970, Yeko Photo Studio, jozefklopacka, nastia1983, contrastwerkstatt, Dasha Petrenko, JenkoAtaman, Maridav, Brocreative, Irina Schmidt, Svetlaya, incomible, mything, kondratya, dream79, nataliahubbert, lexver, monamonash, Insdes, cat_arch_angel, tanycya, arevka, shoshina, lom123, Xavier, tatiana_davidova, Silmairel, val_iva, zzorik, plalek

FSC® C084279 MIX Papier aus verantwortungsvollen Quellen
www.fsc.org

Herausgegeben von **mixtipp** Antje Watermann

Lieblings SMOOTHIES

KOCHEN MIT DEM THERMOMIX®

TM 5 & TM 31

LEMPERTZ

INHALT

Vorwort	7
Einführung in die Smoothiewelt	8
Saisonkalender	10
Glossar	12
Die 10 Smoothie-Gebote für optimalen Genuss	20

DETOX

Sauer, aber lustig	24
Paradise is half as nice	26
Gurken treffen auf Kiwi	28
Erdbeer-Basilikum-Smoothie	30
Ratzeputz – Grünkohl-Smoothie	31
Raketenstart: Fly me to Fenchel	32
Kopfsalat-Cooler	34
Rucola-Smoothie	35

BEAUTY

Kokokirsch	38
Erdbeer-Smoothie	40
Alles Mango oder was?	42
Soft Cell	44
Arriba!	45
Ein Traum voller Bären	46
Käpt'n Blaubeer-Smoothie	47
Granatapfel-Smoothie	48
Magic Cucumber	50
Frozen Framboise	52
Bleeding Love	54
Frühjahrsputz	55
Rotbäckchen-Smoothie	56

BRAIN

Raspberry Delight	60
Minion-Mix	62
Fast & Furious	63
BB – Birnen-Bananen-Mix	64
Pineapple-Chiller	66
Zombie-Killer	68
Oriental-Flow	69
Papayapower	70
Äpfel-Feldsalat-Smoothie	72
Schokokuss	74
Pina-Colada-Smoothie	76
Erdbeer-Mandel-Smoothie	78
Daily Dragon Delight	80
Cashews in Paradise	82

WELLNESS

Dr. Feelgood	86
Tropical Feeling	88
Wellness-Wonder	90
Capri-Smoothie	92
Good Vibrations	94
Grüner Rumfort-Smoothie	95
Yellow Mellow-Spinat-Smoothie	96
Sexy and you know it	98
Ribisel-Smoothie	100
Sporty-Spice	102
Halloween-Smoothie	104
Daydream	106

VORWORT

Liebe Thermomixfreunde,

immer mehr Menschen achten darauf, sich auch im hektischen Alltag gesund zu ernähren. Dabei soll neben der Aufnahme wichtiger Vitamine und Nährstoffe natürlich auch der Geschmack nicht zu kurz kommen. Hier haben sich Smoothies als die idealen Begleiter erwiesen! Ob als Durstlöscher oder für den kleinen Hunger zwischendurch – die farbenprächtigen, köstlichen Mixgetränke bestechen durch ihre fruchtige Frische.

Smoothies helfen dir in vielerlei Hinsicht, etwas Gutes für deinen Körper zu tun. Ob du deiner geistigen Fitness auf die Sprünge helfen, deinen Körper entgiften oder dir einfach nur etwas Gesundes und Regenerierendes gönnen willst, hier findest du bunte und abwechslungsreiche Smoothie-Rezepte für alle Fälle.

Wir vom Team MIXtipp freuen uns daher ganz besonders darüber, dass unser Autor Alexander Augustin hier nach dem Erfolg mit seinen „Party-Rezepten" nun seine ganz persönlichen Lieblingssmoothies vorstellt! Im letzten Jahr hat er sich nach Karneval zu einer Fastenwoche entschieden – und bei seiner Fastenkur nur die besten Erfahrungen mit Smoothies gemacht! Die Energie, die er dabei gewonnen hat, hat er sofort kreativ in diesem Buchprojekt umgesetzt. Dabei hat er Wert darauf gelegt, nur die besten, buntesten und leckersten Rezepte aus seiner großen Rezeptsammlung für uns zusammenzustellen.
Neben fruchtigen Vitaminbomben sind natürlich auch vielfältige grüne Smoothies dabei, mit denen du dein Detox-Vorhaben perfekt in die Tat umsetzen kannst. Und sogar kleine Gemüsemuffel wie Alexanders Sohn bekommen Lust auf Gesundes, wenn es so lecker verpackt ist wie im „Ratzeputz"-Grünkohl-Smoothie und im „Rotbäckchen" mit Roter Beete.

Dein Thermomix hilft dir dabei, das Obst und Gemüse für deine Smoothies ganz einfach zu zerkleinern und zu pürieren, damit du dir jederzeit und schnell einen frischen Snack zubereiten kannst.

Wir wünschen dir beim Mixen viel Spaß!

Herausgeberin, Edition Lempertz

EINFÜHRUNG IN DIE SMOOTHIEWELT

Smoothie – übersetzt bedeutet das cremig, fein, gleichmäßig und ist eine Bezeichnung für ein püriertes Fruchtgetränk aus verschiedenen Obst- und Gemüsesorten und Milchprodukten. Bei Smoothies wird die ganze Frucht oder das Gemüse oft auch mit Schale verarbeitet und je nach Rezept mit Wasser, Milchprodukten, Säften oder Tee gemischt. Damit gehen keine Nährstoffe der Früchte oder des Gemüses mehr verloren. Und der größte Pluspunkt: So fein pürierte Inhaltsstoffe kann der Körper besonders leicht aufnehmen. Gerade in meinem schnelllebigen und stressigen Alltag zwischen Kindergarten, Job, Familie und Freunden ist es mir zunehmend wichtiger geworden, Nahrungsmittel schnell und dabei doch so gesund wie möglich aufzunehmen. Als ich dann im letzten Jahr für eine Woche eine Detox-Kur gemacht habe, haben es mir die Smoothies angetan. Mit selbstgemixten Smoothies war das Balancieren zwischen Familie und alltäglichen Verpflichtungen kein Problem – und das auch noch ganz ohne Zusatzstoffe, künstliche Aromen oder zusätzlichen Zucker. Das Tolle ist, dass Smoothies auch eine ganze Mahlzeit ersetzen können. Ich bereite mir zum Beispiel am Abend einen leckeren Frühstückspower-Drink mit Haferflocken zu, den ich dann morgens einfach genießen kann. Selbstgemachte Smoothies halten sich nämlich 1-3 Tage im Kühlschrank.

Mittlerweile kannst du in allen gut sortierten Lebensmittelgeschäften auch Smoothies kaufen, aber mal abgesehen von deren relativ hohem Kaufpreis kann man bei Smoothies aus dem Supermarkt von außen nicht erkennen, wie lange sie schon im Regal stehen und wann sie abgefüllt wurden. Smoothies sind ein paar Tage haltbar, aber auch bei sachgemäßer Lagerung – also kühl und dunkel – verringert sich der Vitamingehalt täglich. Dazu kommt, dass man bei genauerer Betrachtung der Zutatenliste – für die ich übrigens oft eine Lupe gut gebrauchen könnte – erkennt, dass der Hauptanteil der Smoothies meist aus preiswerten Zutaten wie Orangen-, Trauben- oder Apfelsaft besteht und gar nicht, wie man eigentlich erwarten würde, aus exotischen Früchten. Deshalb mein Rat für dich: Auf jeden Fall selber mixen, dann weißt du genau, was in den Smoothie hineinkommt, kannst ganz nach deinem persönlichen Geschmack entscheiden und variieren.

Wenn du zwischendurch deinen Körper entgiften und entschlacken willst, kannst du dich sogar mehrere Tage nur von Smoothies ernähren. Bei einer Detox-Kur sind die grünen Smoothies empfehlenswert. Denn diese grünen Powerdrinks reinigen unseren Körper nicht nur, sie versorgen ihn gleichzeitig mit allen wichtigen Nährstoffen.

Aber Smoothies sind nicht nur für Berufstätige oder Singles geeignet, gerade meinem Kind schmecken Smoothies besonders gut. Im Sommer, eisgekühlt und mit lustigen Schirmchen verziert, sind sie eine tolle Variante zum Eis. Auch können die cremigen und farbenfrohen Drinks mit einem bunten Strohhalm dein Kind sehr schnell in einen Gemüse-Frucht-Liebhaber verwandeln. Ich mixe zum Beispiel mit den Lieblingsfrüchten meines Kindes (Erdbeeren, Heidelbeeren und Mandarinen) einen Smoothie und mische ein bisschen Salat, Spinat oder ähnliches drunter, schon hat mein Sohn eine Extraportion an Vitaminen und Mineralstoffen und kommt ganz sicher auf den Geschmack. Und außerdem hilft er mir gerne bei der Zubereitung. So kann ich ihm dann auch gleich exotische Früchte und Gemüsesorten erklären. Also, schnapp dir deinen Thermomix und leg einfach los – es lohnt sich.

Smoothies bestechen durch ihre Vielseitigkeit. Frucht- und Gemüseklassiker wie Apfel, Birne, Banane, Kiwi, Traube, Tomate, Avocado, Kopfsalat und Gurke, die es nahezu ganzjährig in hiesigen Supermärkten zu kaufen gibt, eignen sich wunderbar für die cremige Köstlichkeit. Des Weiteren lassen sich auch „Exoten" wie Litschi, Granatapfel, Drachenfrucht, alle erdenklichen Sorten von Beeren, Aprikosen, Grünkohl, Basilikum, Minze und Sellerie sehr gut verarbeiten. Besonders raffiniert werden Smoothies, wenn du Nüsse, Müsli, Haferflocken oder andere knackige Zutaten verwendest.

Wann welches Produkt erhältlich ist, kannst du meiner Saisontabelle entnehmen. In ihr habe ich außerdem zwischen heimischem und importiertem Bestand unterschieden. Prinzipiell solltest du darauf achten, so viele heimische Produkte wie möglich zu kaufen. Wenn du nicht auf importierte Ware zurückgreifen möchtest oder ein Produkt zu einer bestimmten Jahreszeit nicht erhältlich ist, gibt es verschiedene Varianten. Du kannst frische Früchte kleinschneiden und in einer Tüte im Gefrierfach aufbewahren, bis du die Stückchen benötigst. Diese Variante favorisiere ich. Ebenso kannst du gekaufte Tiefkühlware oder Trockenfrüchte verwenden. Du kannst auch Fruchtsäfte mit hohem Fruchtgehalt verwenden, sie sollten in deinem Smoothie aber nur einen Anteil von höchstens 50 % einnehmen. Vorsichtig solltest du bei Konservengemüse und -obst sein. Beim Vorgang des Konservierens werden die Dosen kurzzeitig über 100°C erhitzt, die hitzeempfindlichen Vitamine und Nährstoffe werden dabei größtenteils zerstört. Außerdem enthält Dosenobst oftmals viel Zucker. In meinen Rezepten habe ich auf große Mengen von Zucker oder anderen Süßungsmitteln verzichtet. Meist reichte mir schon der fruchteigene Zuckergehalt der Früchte. Es bleibt dir aber natürlich frei überlassen, wie viel Süßungsmittel du deinem Smoothie hinzufügst.

Pro Smoothie-Portion habe ich 200 ml im Glas gerechnet, diese Menge reicht mir schon, um gesättigt zu sein. Möchtest du den Smoothie aber als Ersatz für eine ganze Mahlzeit trinken, kannst du natürlich auch größere Gläser, zum Beispiel 350 ml, verwenden.

SAISONKALENDER

Legende: H = heimische Früchte (grün), I = importierte Früchte (gelb), leer = nicht in Saison

Obst/Beeren/Gemüse	Januar	Februar	März	April	Mai
Ananas	I	I	I	I	I
Apfel	H	H	H	H	H
Aprikosen	I	I	I	I	I
Avocado	I	I	I	I	I
Banane	I	I	I	I	I
Basilikum	I	I	I	I	I
Birnen	I	I	I	I	I
Blaubeeren	I			I	I
Brombeeren	I	I	I	I	
Datteln					
Drachenfrucht	I	I	I	I	I
Erdbeeren	I	I	I	I	H
Feldsalat	H	H	H	H	H
Fenchel					
Galiamelone					
Goji-Beeren	I	I	I	I	I
Granatapfel	I	I			
Grapefruit	I	I	I	I	I
Grünkohl	H	H			
Heidelbeeren	I	I	I		
Himbeeren					
Hokkaido-Kürbis					
Honigmelone	I	I	I	I	I
Ingwer	I	I	I	I	I
Johannisbeeren, rot					
Kirschen					
Kiwis, grün	I	I	I	I	I
Knoblauch	I	H	H	H	H
Kopfsalat	H	H	H	H	H
Kresse	H	H	H	H	H
Limetten	I	I	I	I	I
Litschi	I	I			
Mais	H	H	H	H	H
Mandarinen	I	I	I	I	
Mango	I	I	I	I	I
Maracuja	I	I	I	I	I
Minze					
Möhren	H	H	H	H	H
Orangen	I	I	I	I	I
Papayas	I	I	I	I	I
Paprika	I	I	I	I	I
Petersilie	H	H	H	H	H
Pfirsiche					
Rhabarber	I	I	I	I	H
Rote Beete	I	I	I	I	H
Rucola	I	I	I	I	H
Salatgurke	I	I	I	I	I
Sellerie					
Spinat				H	H
Tomaten	I	I	I	I	I
Weintrauben	I	I	I	I	I
Zespri	I	I	I	I	I
Zitrone	I	I	I	I	I

LIEBLINGSSMOOTHIES

heimische Früchte | importierte Früchte

SAISONKALENDER

Juni	Juli	August	September	Oktober	November	Dezember

LIEBLINGSSMOOTHIES

GLOSSAR

Der in der **ANANAS** enthaltene Neurotransmitter Serotonin sorgt für einen ausgeglichenen Serotoninspiegel, die Basis für gute Laune und Entspannung. Dank einer Kombination aus Provitamin A, Vitamin C und E, Niacin und Thiamin wirkt die Frucht positiv auf Fieber- und Erkältungskrankheiten und das Immunsystem.

DER APFEL – des Deutschen geliebtes Obst. Jährlich 17 Kilogramm isst jeder Deutsche durchschnittlich. Äpfel sind reich an Eisen, Kalium, Vitamin A, B (1, 2, 3 und 6) und C sowie Folsäure. Sie sorgen für eine Regulierung der Darmtätigkeit. Bis zu 70 % aller Vitamine und Nährstoffe des Apfels stecken in der Schale oder direkt darunter. Deshalb solltest du die Frucht bei der Smoothie-Zubereitung auch nicht schälen.

APRIKOSEN enthalten in hoher Konzentration Beta-Carotin, ein Provitamin A. Das Provitamin A wird dazu im Körper in Vitamin A umgewandelt. Das Vitamin ist insbesondere sehr wichtig für die Sehkraft. Außerdem schützt Vitamin A die Haut vor den schädlichen UV-Strahlen, ein natürlicher und dabei auch noch leckerer Sonnenschutz.

DIE AVOCADO hat von allen den Menschen bekannten Obst- und Gemüsesorten den höchsten Fettgehalt. Sie ist aber deswegen nicht ungesund, denn Avocados sind reich an den überaus gesunden ungesättigten Fettsäuren. Außerdem enthalten Avocados Vitamin A, B und E, die das Zellwachstum und die Zellregeneration vorantreiben. Die Avocado eignet sich aber nicht nur für die innere Anwendung, sondern auch für die äußere, denn aus Avocados kannst du auch Feuchtigkeit spendende Gesichtsmasken machen. Mische dafür einfach eine Avocado ohne Stein und Schale mit 1 EL Honig und 1 EL Joghurt oder Milch. Fertig.

DIE BANANE – die gelbe Köstlichkeit, der in so manchem Film ein Denkmal gesetzt wurde (siehe Seite 62), ist mit 88 bis 95 kcal pro 100 g die Kalorienbombe unter den Früchten. Bananen geben Smoothies eine tolle Cremigkeit und sind deshalb oftmals die Grundlage. Sie enthalten in hohen Mengen die Mineralstoffe Magnesium und Kalium, die für eine optimale Funktion von Nerven und Muskeln benötigt werden.

Die Nährstoff- und Vitaminzusammensetzung des **BASILIKUMS** aus unter anderem Vitamin A, K, Beta-Carotin, Kalium, Magnesium und Mangan ist der Grund, warum die grünen Blätter antibakteriell und entzündungshemmend im Körper und auf der Haut wirken. Basilikum ist ein wahres Wundermittel, denn es ist einsetzbar gegen Erkältungskrankheiten, Depressionen, für eine schnelle Wundheilung, für eine optimale Nutzung der Muskelfunktionen und die Stärkung des Herz-Kreislauf-Systems.

GLOSSAR

DATTELN haben einen hohen natürlichen Zuckergehalt von ca. 70 %, sie sind reich an Ballaststoffen und Mineralstoffen. Ihr hoher Kalium-, Eisen- und Zinkspiegel macht sie besonders für Sportler zum perfekten Snack für zwischendurch. Kalium spielt eine wichtige Rolle bei der Weiterleitung von Reizen und der Muskeltätigkeit. Eisen ist verantwortlich für den Sauerstofftransport im Körper und speichert Sauerstoff in den Muskeln. Achtung: Es gibt viele unterschiedliche Sorten von Datteln. Für Smoothies eignen sich die großen, weißen, aus Israel stammenden am besten.

DIE BIRNE regt den Stoffwechsel an und da sie aufgrund ihres hohen Gehalts an Kalium, Calcium und Phosphor entwässernd und entschlackend wirkt, eignet sich das süße Kernobst super für eine Diät. Außerdem enthält sie von Natur aus wenig Fruchtsäure, was die Birne gerade auch für Kleinkinder leicht bekömmlich macht.

BLAUBEEREN enthalten das Spurenelement Chrom, das im Körper bei dem Stoffwechsel von Kohlenhydraten und der Aufnahme von Zucker eine wichtige Rolle spielt. Außerdem enthalten sie ebenso wie Aprikosen das Provitamin A Beta-Carotin, das für unsere Sehkraft wichtig ist.

BROMBEEREN haben von allen Beeren den höchsten Gehalt an Provitamin A. Durch den Vitamin- und Nährstoffmix stärken sie das Immunsystem und die Sehkraft.

CHIA-SAMEN enthalten den in der Natur höchsten Wert an Omega-3-Fettsäuren, außerdem sind sie angereichert mit vielen Vitaminen und Nähr- und Mineralstoffen, z.B. Kalium, Magnesium, Vitamin A, B (1, 3, 6 und 8), E, Phosphor und Kupfer. Sie eignen sich super zum Abnehmen, da Chia-Samen im Darm quellen und so ein Sättigungsgefühl hinterlassen, ohne dass dem Körper Nährstoffe fehlen.

DIE DRACHENFRUCHT ist aufgrund eines Wasseranteils von über 90 % kalorienarm. Sie enthält die Vitamine C und E, das Spurenelement Eisen und die Mineralstoffe Calcium und Phosphor. Vitamin C ist das Aufbauvitamin für Knochen und das Bindegewebe.

ERDBEEREN enthalten die vor Hautalterung schützenden Vitamine A und E und in hohem Maße das Vitamin C, das das Immunsystem stärkt und das Bindegewebe unterstützt. Die süßen Früchte sind also nicht nur himmlisch lecker, sondern auch noch ein natürliches Mittel für schöne und stärkere Haut. Das Team MIXtipp ist begeistert!

FELDSALAT lässt sich super in grünen Smoothies verarbeiten. Er enthält Provitamin A, das im Körper zu Vitamin A umgewandelt wird und sehr gesund für die Augen ist, aber auch Eisen, das zur Blutbildung beiträgt, und Vitamin C, das das Immunsystem unterstützt. Außerdem wird mit Feldsalat dein Smoothie zu einem echten Eyecatcher, denn er ergibt ein tolles intensives Grün!

GLOSSAR

FENCHEL ist sehr vielseitig: Er ist kalorienarm und besitzt einen hohen Anteil an Kalium, Calcium und Magnesium. Darüber hinaus ist er ballaststoffreich. Fenchel fördert die Verdauung, wirkt krampflösend und hilft bei Erkältungen.

DIE GOJI-BEERE: Königin des Superfoods! Sie stammt ursprünglich aus China, wo sie seit 6000 Jahren als Heilmittel in der traditionellen chinesischen Medizin verwendet wird. Die in Goji-Beeren enthaltenen Carotinoide Lutein und Zeaxanthin schützen vor altersbedingter Makuladegeneration, einer Augenkrankheit. Der ausgewogene und beeindruckende Mix aus Nährstoffen und Spurenelementen (Eisen, Magnesium, Kalium, Phosphor, Kupfer, Zink, Mangan, Chrom, Selen, Aluminium, Arsen, Barium, Beryllium, Blei, Bor, Cadmium, Germanium, Kobalt, Lithium, Molybdän, Nickel, Niobium, Silber-Strontium, Titanium, Vanadium, Yttrium, Zinn und Zirkonium), Vitaminen (B, C und E) und essentiellen Fettsäuren stärken die Nerven, sorgen für einen guten Sauerstofftransport im Blut, wirken antioxidativ und damit gegen den Alterungsprozess der Zellen. Kurzum: Bei einem regelmäßigen Verzehr von Goji-Beeren geht es dem Körper besser, in China werden den Beeren gar lebensverlängernde Wirkungen nachgesagt!

DER GRANATAPFEL enthält Vitamin B und trägt damit zur Zellregeneration und zum Wachstum bei. Durch Kalium unterstützt er das Nervensystem und mit Eisen die Blutbildung. Dem Granatapfel wird zudem nachgesagt, sich positiv auf den Kreislauf auszuwirken und Krebs vorzubeugen.

GRAPEFRUIT: Eine regelrechte Vitamin C-Bombe! Schon drei Grapefruits reichen aus, um den Tagesbedarf zu decken, dein Immunsystem zu stärken und die Regeneration deines Bindegewebes zu fördern. Darüber hinaus sind auch Magnesium und Kalium enthalten, die gut für dein Nervensystem sind. Bitte beachte: Grapefruit kann Wechselwirkungen mit verschiedenen Medikamenten haben. Frage im Zweifel bei deinem Arzt oder Apotheker nach.

GRÜNKOHL besticht durch seinen sehr hohen Vitamin C-Gehalt! Auf 100 g Grünkohl kommen bis zu 150 mg des gesunden Vitamins. Dadurch gilt er nicht umsonst als Superfood, denn Vitamin C stärkt das Bindegewebe, unterstützt die Aufnahme von Eisen und fängt freie Radikale ab. Zudem enthält Grünkohl auch noch Calcium und Mineralstoffe.

HEIDELBEEREN enthalten Anthocyane, die gegen freie Radikale wirken, die Sehkraft verbessern und die Regeneration der Zellen unterstützen. Ihr Anteil an Provitamin A wirkt sich ebenfalls positiv auf die Sehleistung aus. Zudem sorgt das Vitamin E in den blauen Beeren dafür, Zellen vor freien Radikalen zu schützen. Auch Vitamin C steckt in Heidelbeeren, ebenso wie Gerbstoffe, durch die den Beeren eine entzündungshemmende Wirkung nachgesagt wird.

GLOSSAR

KIRSCHEN enthalten viel Vitamin C, Vitamin K, Folsäure, Eisen und sind eine kalorienarme Näscherei! Vor allem aber stecken Kirschen prallvoll mit sogenannten Anthocyanen: Diese natürlichen Farbstoffe, die vor allem in den Sauerkirschen stecken, haben auf die Körperzellen eine nachgewiesene Schutzwirkung, etwa gegen Entzündungen, vorzeitige Alterungsprozesse und vermutlich auch gegen Krebs. Neuere Forschungen lassen auch vermuten, dass Kirschen die Beschwerden bei Rheuma lindern können.

HIMBEEREN enthalten viel Wasser und besonders viel Vitamin B, das dein Nervensystem stärkt und die Regeneration deines Gewebes verbessert. Mit Calcium stärken sie Knochen und Zähne. Darüber hinaus sind sie sehr kalorienarm.

INGWER hat von Natur aus eine angenehme Schärfe und eignet sich damit gut dafür, deinen Smoothie aufzupeppen. Die aus Asien stammende Wurzel nimmt im Ayurveda eine zentrale Rolle ein, da Ingwer als verdauungsregulierend und als Allheilmittel gegen Erkältungserkrankungen, Rheuma und Arthritis gilt.

JOHANNISBEEREN, egal ob rot oder schwarz, stecken voller Vitamine und Mineralstoffe. Besonders die schwarzen Johannisbeeren enthalten Antioxidantien und eine Menge Vitamin C. 100 g der roten Sorte enthalten beispielsweise 32 mg Vitamin C, mehr als 4 Zitronen. Die schwarzen Beeren enthalten sogar bis zu 189 mg Vitamin C. Rote Johannisbeeren schmecken relativ sauer. Dahingegen sind schwarze Johannisbeeren mild im Geschmack und ähneln ein wenig den Heidelbeeren. Der reiche Gehalt an Pektinen (Ballaststoffe) hilft bei Verdauungsstörungen, sättigen schneller und neutralisieren den Insulinspiegel. Darüber hinaus sind Johannisbeeren nicht nur gesund, sondern auch sehr kalorienarm: Die roten enthalten nur 40, die schwarzen Johannisbeeren 50 Kalorien je 100 g. Auch die Kerne der Johannisbeeren enthalten gesunde Stoffe – in Form des Kernöls, welches Gamma-Linolensäure enthält und gut für die Haut sein kann.

KIWIS enthalten viel Vitamin C und sind damit bestens zur Stärkung des Bindegewebes und zur Bekämpfung der lästigen Orangenhaut geeignet. Außerdem sind sie reich an Vitamin A, B, Kalium, Magnesium, Phosphor, Eisen, Calcium und Folsäure – die perfekten Nährstofflieferanten. Des Weiteren haben sie einen hohen Gehalt an Arginin, das für eine Erweiterung der Blutgefäße sorgt und Spannungskopfschmerzen und Kreislaufprobleme mindert.

KNOBLAUCH hat einen recht hohen Kaloriengehalt von 149 kcal auf 100 g; da er aber nur in kleinen Mengen verzehrt wird, fallen die Kalorien kaum ins Gewicht. Wenn du den Knoblauch vor Gebrauch zerquetschst, setzt das den Stoff Allicin frei. Allicin ist antibakteriell und wirkt gegen Salmonellen und E. coli Bakterien.

LIEBLINGSSMOOTHIES

GLOSSAR

KOPFSALAT enthält viel Vitamin K, das im Körper die Blutgerinnung reguliert. Herrscht ein Vitamin K-Mangel, kann es zu spontanen Blutungen oder bei Verletzungen zu einem großen Verlust von Blut kommen. Besonders in den grünen äußeren Blättern sind viele Nährstoffe und Vitamine enthalten.

KRESSE ist nicht nur ein Kraut, sondern auch eine sehr wirksame Heilpflanze. Sie ist reich an Folsäure, Calcium, Kalium, Kupfer und Mangan sowie an Vitamin A und C. Die kleinen grünen Blättchen wirken blutverdünnend, blutdruckregulierend, entgiftend und das Blut entschlackend. Hautunreinheiten werden bei regelmäßiger Einnahme von Kresse von innen gesäubert.

KÜRBIS verfügt über viel Beta-Carotin, das in Vitamin A umgewandelt wird und die Sehkraft stärkt, aber auch wichtig für die Regeneration von Haut und Schleimhäuten ist. Mit Magnesium, Calcium und Kalium liefert er zudem wertvolle Mineralstoffe. Darüber hinaus ist das leckere Fruchtfleisch kalorienarm; den Kernen wird nachgesagt, gut gegen Prostataleiden zu sein.

LIMETTEN sind reich an Vitamin C. Das Vitamin ist – neben anderen Funktionen – wichtig für den Knochen- und Zahnaufbau. Limetten werden oft verwendet in Smoothies, Cocktails und zum Verfeinern von Saucen.

LITSCHIS gelten aufgrund ihrer Süße in China als Spenderin der Lebensfreude. Sie enthalten Vitamin C und relativ viel Kalium. Dieser Nährstoff spielt im Körper eine wichtige Rolle bei der Energieproduktion. Außerdem sind Litschis aufgrund ihres geringen Säuregehalts für den Magen leicht bekömmlich.

MAIS ist aufgrund einer Mischung aus Kohlenhydraten, Fett, Eiweiß und Nährstoffen ein echtes Kraftpaket und liefert dem Körper viele wichtige Mineralstoffe. Eine Besonderheit der zum Getreide zählenden gelben Körner ist, dass sie glutenfrei sind. Getrocknet und zu Mehl verarbeitet bilden sie für Menschen, die an Zöliakie leiden, einen guten Ersatz zu Weizenmehl.

Eine **MANDARINE** deckt fast die Hälfte des täglichen Bedarfs an Vitamin C. Gerade im Winter ist die Mandarine also eine willkommene Nährstoff- und Vitaminquelle. Sie hat im Vergleich zu anderen Zitrusfrüchten einen relativ hohen Fruchtzuckergehalt. Wenn der kleine Süßigkeitenhunger zwischendurch kommt, kannst du eine Mandarine essen und der Hunger ist gestillt.

MANDELMILCH wird aus gemahlenen Mandeln und heißem Wasser hergestellt. Die Milch ist daher vollkommen laktosefrei und auch für eine vegane Ernährungsweise geeignet. Sie glänzt durch einen geringen Kaloriengehalt, beinhaltet aber einige Nährstoffe wie Eisen, Phosphor, Zink, Magnesium und Calcium und Vitamine wie Vitamine der B-Gruppe, C, E und K. Mandelmilch sollte also nicht nur als Ersatz für Milch gesehen werden, sondern als vollwertiges Produkt.

GLOSSAR

MANDELN gelten als Dickmacher, obwohl sie diesen Ruf völlig zu Unrecht haben! Sie haben zwar einen hohen Fett- und Proteingehalt, ohne dass sie aber dick machen. Bereits kleine Mengen von ca. 50 g pro Tag reichen, um über 300 Kalorien aufzunehmen. Forscher haben festgestellt, dass eine regelmäßige Ernährung mit Mandeln zu einer Gewichtsabnahme und einem Senken des Blutdrucks führt. Außerdem enthalten Mandeln viele wichtige Nähr- und Mineralstoffe.

MANGOS enthalten viel Vitamin A und werden oft vorbeugend gegen Erkältungskrankheiten eingesetzt. Sie sind säurearm, was sie äußerst leicht bekömmlich für den Magen macht. Mangos geben neben Bananen jedem Smoothie seine typische Cremigkeit.

MARACUJA, oder auch Passionsfrucht genannt, enthält sehr viel Magnesium und Phosphor. Magnesium wird vom Körper für die Eiweißproduktion und damit für den Muskelaufbau und zur höheren Leistungsfähigkeit benötigt. Phosphor ist ein wichtiger Baustein zur Festigung der Knochen und Zähne und zur Bereitstellung von Energie. Die Maracuja ist also eine perfekte Frucht für alle Sportler.

MATCHA ist ein zu sehr feinem Pulver gemahlener grüner Tee, der ursprünglich aus Japan stammt. Aufgebrühter Matchatee ist reich an Antioxidantien. Diese verringern Schäden an Zellen und am menschlichen Erbgut.

MELONE
Die Honigmelone stärkt mit Provitamin A die Augen und liefert wertvolles Kalium für die Nerven- und Muskelregeneration. Auch Vitamin C, Eisen und Calcium finden sich in der süßen Frucht und tragen zur Stärkung des Immunsystems, zur Blutbildung und zum Knochenaufbau bei. Das Fruchtfleisch bietet dir außerdem viel gesunde Flüssigkeit. Das weiße Fruchtfleisch der Galiamelone erinnert an das der Honigmelone. Ihr Aroma ist nicht so stark wie das ihrer Verwandten. Galiamelonen haben im Vergleich zu anderen Obstsorten wenig Kalorien. Vitamin A und B sowie Eisen und Beta-Carotin, das für die Sehkraft wichtig ist, sind in der Melone enthalten.

MINZE sorgt mit ihrem aromatischen Geschmack nicht nur für frischen Atem; durch das ätherische Öl Menthol (welchem die Minze auch ihren Namen verdankt) kann sie Entzündungen hemmen und die Durchblutung fördern. Auch zur Linderung von Kopfschmerzen verwendet man das Wunderkraut!

MÖHREN – schon mal ein Kaninchen mit Brille gesehen? Dass Möhren Beta-Carotin enthalten, welches vom Körper in Vitamin A (das „Augenvitamin") umgewandelt werden kann, weiß fast jeder. Doch auch Vitamin B-Gruppen und Vitamin E finden sich in der flotten Karotte! Für eine optimale Aufnahme dieser fettlöslichen Vitamine bietet es sich an, sie mit etwas Fett zuzubereiten.

ORANGEN – die beliebteste Zitrusfrucht der Welt ist bekanntermaßen reich an Vitamin C und wird daher vor allem zur Stärkung des Immunsystems genutzt. Ebenso liefert sie Vitamine der B-Gruppe, die Blutbildung und Wachstum unterstützen, sowie Mineralstoffe wie Calcium, Phosphor und Eisen. Wahre Alleskönner, die Orangen!

GLOSSAR

PAPAYAS sind reich an Vitamin A, C und E und eine gute Quelle für Kalium, Eisen und Natrium. Darüber hinaus enthalten sie das verdauungsfördernde Enzym Papain, das zusammen mit den zahlreichen Ballaststoffen der Papaya das Gleichgewicht im menschlichen Darm wiederherstellen kann. Wer abnehmen möchte, kann sich zudem darüber freuen, dass die Papaya nur 32 Kalorien pro 100 g enthält!

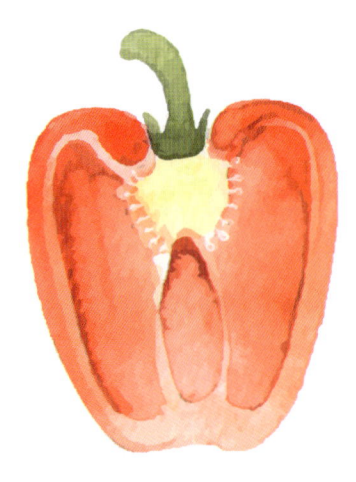

PAPRIKA – die farbenfrohen Nachtschattengewächse sind als Gemüse und Gewürz nicht nur vielseitig, sondern auch vitaminreich; besonders die roten Exemplare punkten hier, sie enthalten 140 mg Vitamin C pro 100 g, aber auch die grünen und gelben stehen ihnen hierin kaum nach. Sie eignen sich, auch aufgrund ihres Zinkgehalts, prima zur Stärkung des Immunsystems!

PETERSILIE, ein Superfood, das den Namen wirklich verdient! Das in den grünen Blättern enthaltene Chlorophyll wirkt nicht nur blutreinigend und entgiftend, sondern in Verbindung mit den ätherischen Ölen der Petersilie auch wie ein natürliches Mittel gegen Mundgeruch (einfach auf Petersilienblättern kauen). Der in Petersilie in hohem Maße vorkommende Mineralstoff Kalium reguliert zudem die Herzfrequenz und den Blutdruck.

100 g **PFIRSICH** haben durchschnittlich einen Wassergehalt von 87 g und enthalten Vitamin A, B1, B2, C, Kalium, Calcium und Magnesium. Die aus China stammenden Steinfrüchte sind somit die perfekten Früchte für einen cremigen, gesunden Smoothie.

Die säuerlichen Stangen des **RHABARBERS** solltest du nur geschält genießen, da gerade in der Schale die für den Menschen in hoher Konzentration giftige Oxalsäure enthalten ist. Oxalsäure geht im Körper Verbindungen mit Calcium und Magnesium ein. Diese Stoffe sind dann kaum noch löslich und können schwer verarbeitet werden. Du solltest darauf achten, nicht zuviel Oxalsäure auf einmal aufzunehmen.

Du kennst **ROTE BEETE** nur aus dem Glas in Scheiben? Daran solltest du was ändern! Die Knolle ist ein regelrechter Jungbrunnen, sie wirkt blutdrucksenkend, soll die Stimmung aufhellen und wurde in der Antike bereits zur Behandlung von Hautentzündungen verwendet. Mit vielen verschiedenen Mineralstoffen und Vitaminen gilt die Rote Beete als eine der gesündesten Gemüsesorten.

RUCOLA schlägt mit einem Vitamin C-Gehalt von 62 mg pro 100 g die Orange. Die löwenzahnähnlichen Blätter, die einen nussig-scharfen Geschmack haben, enthalten außerdem Kalium, Calcium und Eisen.

DIE SALATGURKE besteht bekanntermaßen zu einem Großteil aus Wasser, aber wusstest du, dass es 97 % sind?! Die Gurke hat wenig Kalorien, enthält aber trotzdem einige Nährstoffe wie Kalium und das Provitamin A Beta-Carotin. Die Nährstoffe sitzen in und direkt unter der Schale, weshalb du die Gurke ungeschält, aber gut abgewaschen verwenden solltest.

SELLERIE wurde bereits in der traditionellen chinesischen Medizin als Heilmittel gegen Bluthochdruck eingesetzt, heute gilt Sellerie

GLOSSAR

als Mittel gegen Gicht und Rheuma. Dank seines hohen Kalium-Gehalts hat Sellerie eine entwässernde Wirkung. Zudem ist Sellerie überaus basisch und hilft, Magenbeschwerden aufgrund einer Übersäuerung auszugleichen.

SOJAMILCH ist der klassische Ersatz für Kuhmilch. Sie wird aus Sojabohnen hergestellt und ist für eine vegane Ernährung geeignet. Sojamilch enthält im Gegensatz zu Kuhmilch wichtige ungesättigte Fettsäuren und kein Cholesterin. Außerdem hat Sojamilch einen geringen Kohlenhydratgehalt.

Popeyes Lieblingsgemüse – **SPINAT**. Machen die Blätter wirklich stark? Sicher ist, dass das in Spinat enthaltene Beta-Carotin die Augen stärkt und vor Nachtblindheit schützt. Außerdem enthält Spinat das Spurenelement Eisen, das zur Energiegewinnung und Entgiftung beiträgt.

TOMATEN gehören zur Gattung der Nachtschattengewächse. Da das in unreifen Tomaten enthaltene Alkaloid Solanin giftig für Menschen ist, dürfen Tomaten nur im reifen Zustand verzehrt werden. Reif sind die Früchte reich an Vitamin A, C und K und tragen damit zum Aufbau der Haut, einem starken Immunsystem und der natürlichen Blutgerinnung bei.

WEINTRAUBEN und gerade ihre Kerne werden oftmals unterschätzt. Sie enthalten wichtige sekundäre Pflanzenstoffe wie Flavonoide. Diese Stoffe sind entzündungshemmend und antithrombotisch. Pycnogenol, ein Stoff in den Kernen der Trauben, hilft dabei, Allergien, Stress und Herzproblemen entgegenzuwirken.

ZESPRI oder **KIWI GOLD** ist eine gelbe Kiwi, die vor allem von der Marke Zespri vertrieben wird. In ihr ist das eiweißspaltende Enzym Actinidin nur in sehr geringen Dosen enthalten. Deshalb wird eine Mischung aus Milchprodukten und Zespri nicht bitter und flockt nicht aus. Von Natur aus sind Zespris fettarm und reich an Vitaminen und Nährstoffen. Sie stärken das Immunsystem durch ihren hohen Vitamin C-Gehalt, höher als bei ihrer grünen Alternative, haben aber einen geringeren Vitamin A-Gehalt.

Die Säure der **ZITRONE** wirkt äußerst erfrischend auf den Körper. Der hohe Vitamin C-Gehalt stärkt das Immunsystem und das Bindegewebe. Bei einer herannahenden Erkältung gibt es nichts Besseres als eine heiße Zitrone. Außerdem wirkt die Zitrone desinfizierend.

LIEBLINGSSMOOTHIES

Die 10 Smoothie-Gebote für optimalen Genuss

Um dir den Einstieg in das Thema Smoothies einfacher zu machen, habe ich die 10 wichtigsten Regeln für die Smoothie-Herstellung zusammengefasst.

1. Smoothies schmecken besonders gut eisgekühlt. Deshalb solltest du das Obst, das du verwenden möchtest, im Kühlschrank lagern. Auch Tomaten und Bananen, die es sonst nicht so gerne kalt mögen, halten eine halbe Stunde vor Verbrauch ohne Schaden im Kühlschrank aus.

2. Bitte mixe die Fruchtstücke immer erst mit einem Teil der Flüssigkeit, dann wird der Smoothie schön cremig. Gib zum Schluss den Rest der Flüssigkeit dazu und schlage den Smoothie nochmal auf Stufe 8 oder 10 auf.

3. Wenn der Smoothie dir zu dickflüssig ist, kannst du gerne immer noch etwas mehr Flüssigkeit hinzufügen, als im Rezept angegeben ist. Die Cremigkeit sowie auch die Farbe der Drinks wird durch den Reifegrad und die Größe der Früchte beeinflusst.

4. Wenn die Jahreszeit gerade nicht deine Lieblingsfrüchte bereithält, kannst du immer auch die gefrorene Variante nutzen. Da wird der Smoothie gleich eine extra coole Erfrischung. Du kannst Beeren und Obst aber auch getrocknet verwenden.

5. Nachreifende Früchte wie Äpfel, Bananen, Birnen, Kiwis und Mangos können gut auf Vorrat gekauft werden.

6. Nicht nachreifende Früchte wie Ananas, Blaubeeren, Brombeeren, Erdbeeren, Himbeeren, Kirschen, Wassermelone, Weintrauben und Zitrusfrüchte bitte immer schnell verwerten.

7. Ein Smoothie ist ein richtiger Vitamin-Power-Drink und bildet zum Beispiel einen super Start in den Tag.

8. Bananen werden auf Grund ihrer cremigen Konsistenz oft für Smoothies verwendet. Wer sie nicht so gerne mag, kann sie aber auch durch Avocados, Mangos oder Papayas ersetzen.

9. Mit Eis, Milch, Joghurt oder anderen Milch- oder Milchersatzprodukten wie Soja- und Mandelmilch werden Smoothies noch cremiger. Aber Achtung! Papayas, Ananas und Kiwis sind enzymhaltige Früchte und sollten nicht mit Milchprodukten gemischt werden. Sie können sonst bitter werden.

10. Was vom Drink noch übrig ist, hält sich im Kühlschrank bis zu drei Tage.

10 SMOOTHIE-GEBOTE 21

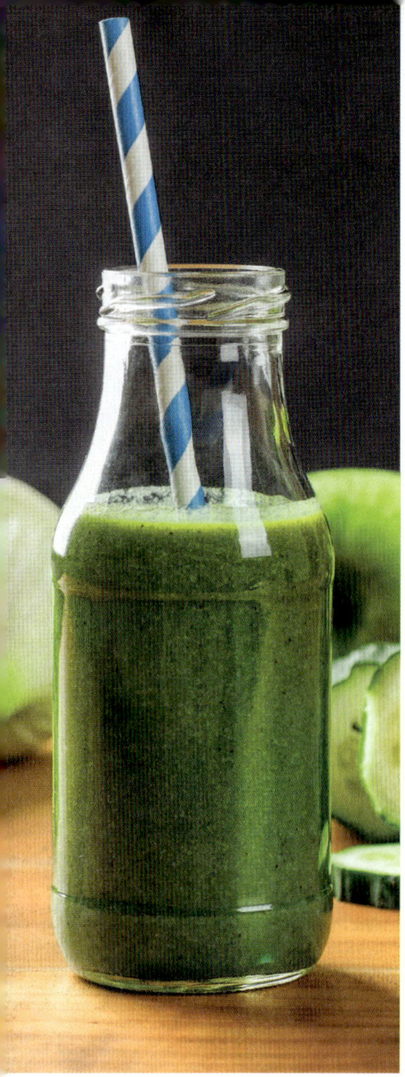
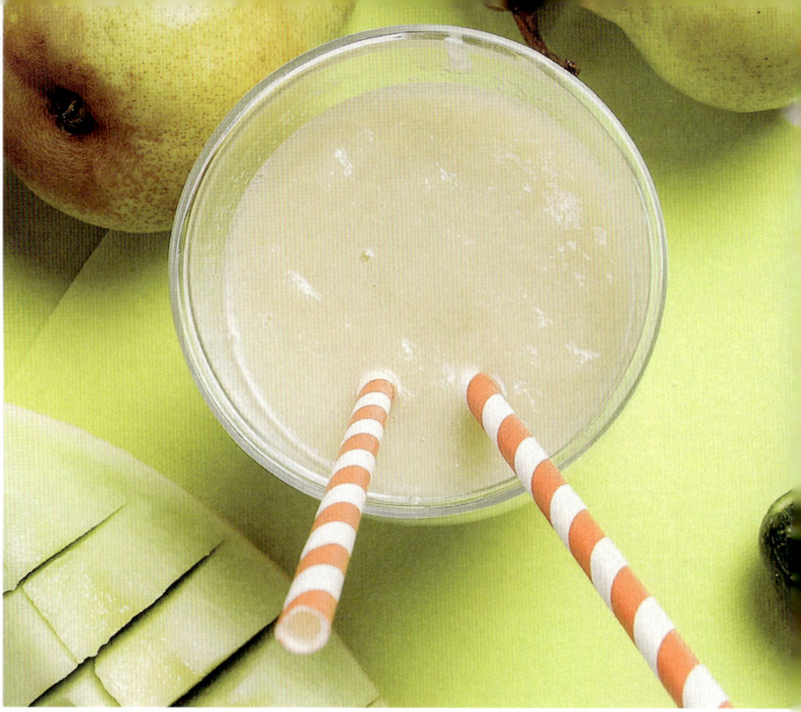
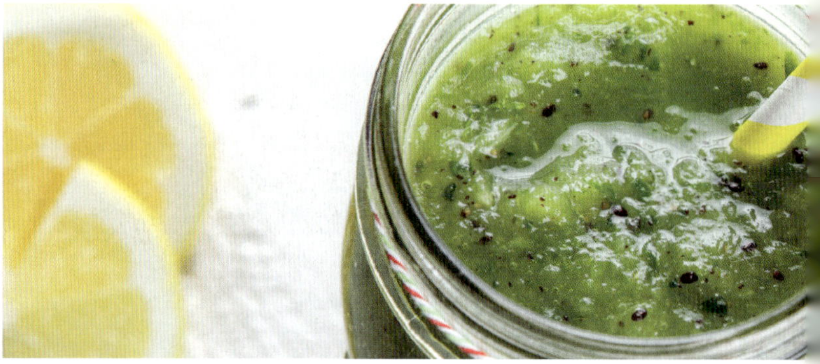
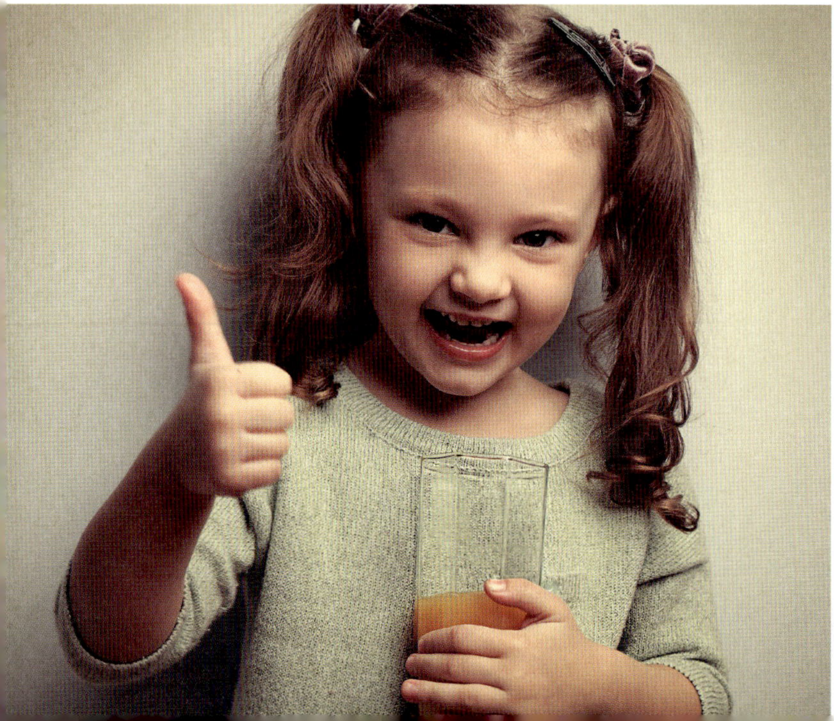
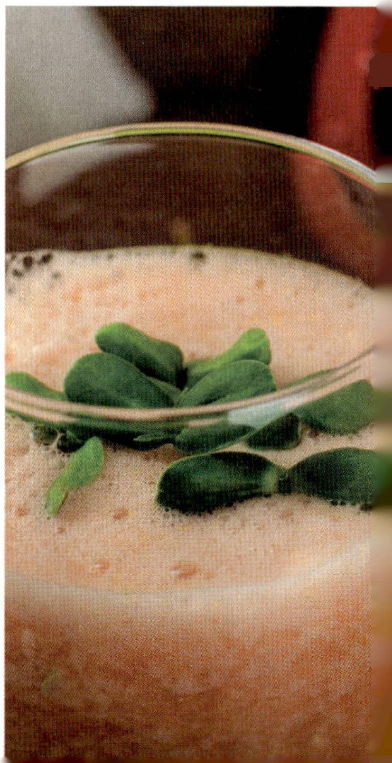

DETOX

Smoothies, die dir beim Entgiften deines Körpers helfen

SAUER, ABER LUSTIG

4 Gläser | 15 Min. | leicht

Zubereitungszeit: 15 Minuten
Zutaten für 4 Gläser

2 Möhren, in Stücken

1 Grapefruit, in Stücken

1 Orange, in Stücken

1 Banane, in Stücken

1 Zespri, halbiert

10 g Chia-Samen

Zitronensaft, nach Belieben

1. Schäle Möhren, Grapefruit, Orange und Banane und schneide sie in Stücke. Die Zespri schälst und halbierst du.

2. Jetzt kannst du die Möhrenstücke und alle Früchte sowie die Chia-Samen in den Mixtopf geben und 1 Minute/ Stufe 10 pürieren.

3. Zum Schluss schmeckst du den Smoothie nach deinem Geschmack mit Zitronensaft ab, mixt ihn nochmals 10 Sekunden/ Stufe 8 und servierst ihn sofort.

mixtipp

Zespris enthalten weniger Säure als Kiwis und sind deshalb besser bekömmlich.

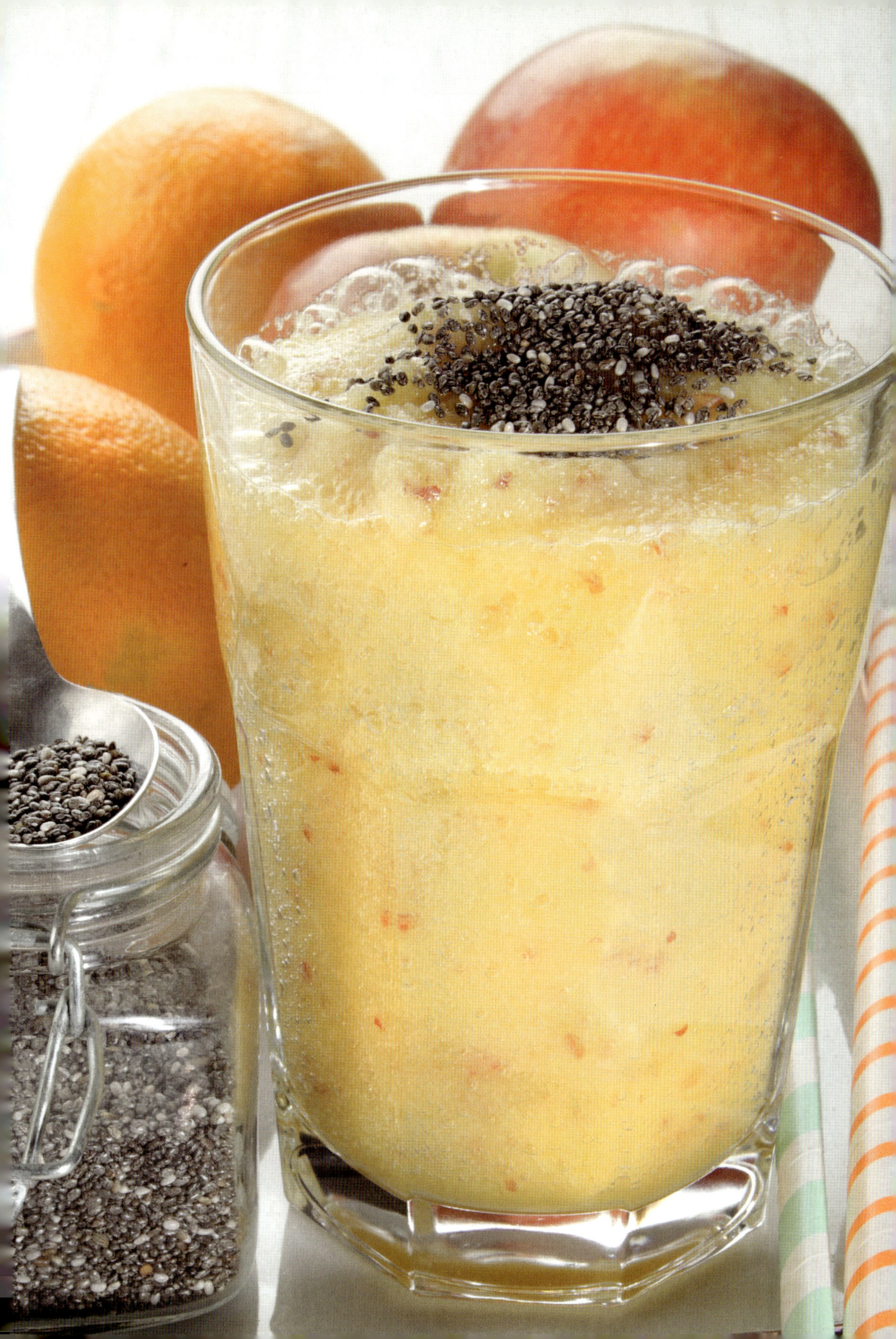

PARADISE IS HALF AS NICE

3-4 Gläser | 15 Min. | leicht

Zubereitungszeit: 15 Minuten
Zutaten für 3-4 Gläser

- 100 g Birnen, in Stücken
- 150 g Melone, in Stücken
- 100 g Salatgurke, in Stücken
- 1 Banane, in Stücken
- 150 g Birnensaft
- 5-7 Eiswürfel

1. Als Erstes halbierst du die Birnen und die Melone, entkernst sie und schneidest sie in Stücke.

2. Jetzt kannst du die Salatgurke schälen und in Stücke schneiden.

3. Zum Schluss schälst du noch die Banane und schneidest sie ebenfalls in Stücke oder Scheiben.

4. Gib dann alle Zutaten und die Eiswürfel in den Mixtopf und püriere sie 1 Minute/ Stufe 9. Herrlich erfrischend!

mixtipp

Statt einer Salatgurke kannst du auch eine Zucchini nehmen. Achte nur darauf, dass sie nicht bitter schmeckt.

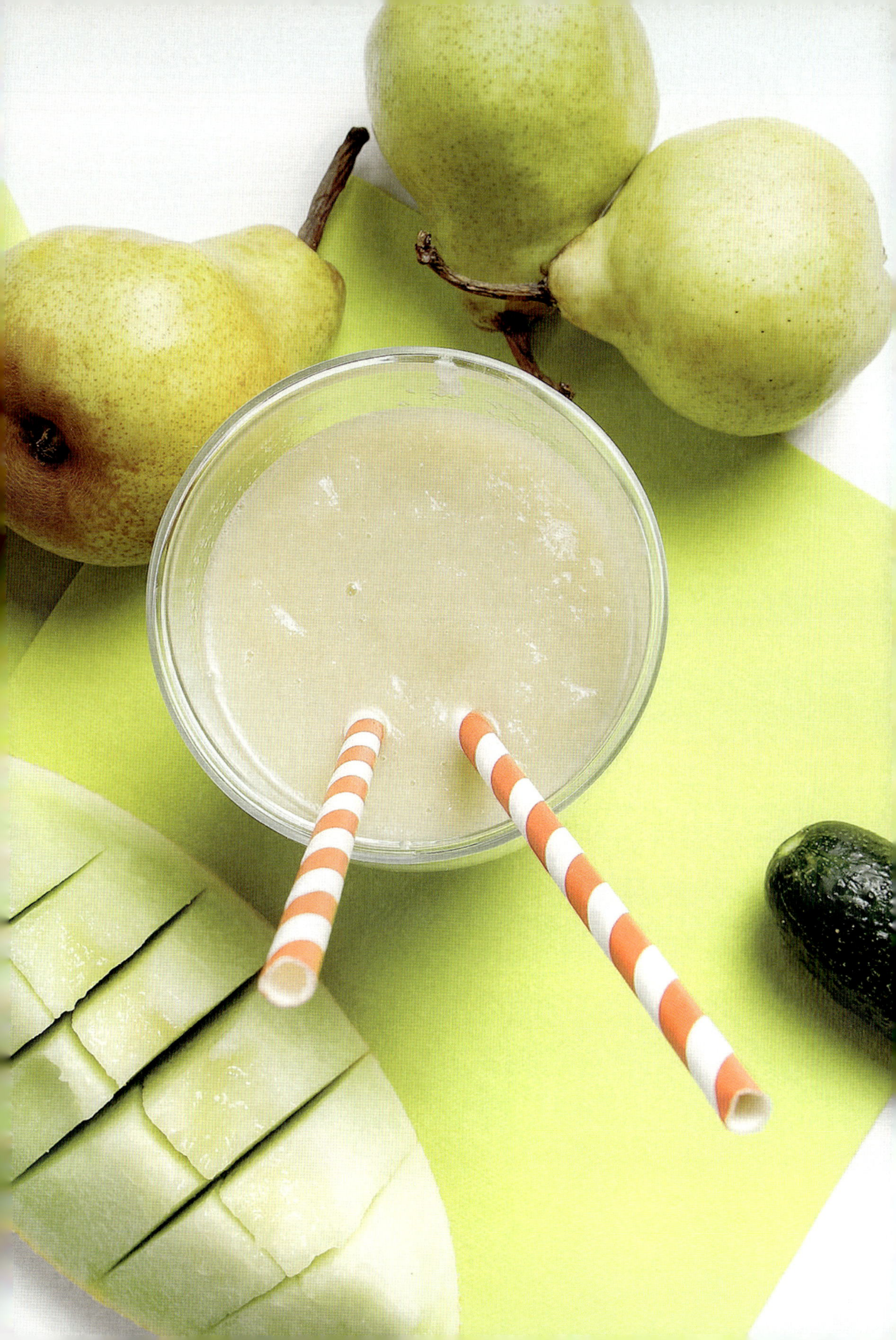

GURKEN TREFFEN AUF KIWI

4 Gläser | 20 Min. | leicht

Zubereitungszeit: 20 Minuten
Zutaten für 4 Gläser

1 Salatgurke, in Stücken

2 Kiwis, halbiert

150 g grüne Trauben

2 Äpfel, halbiert

1 Kästchen Kresse

½ Bund Minze

200 g Wasser

1. Wasche die Gurke und schneide sie in Stücke. Die Kiwi schälst und halbierst du. Wasche die Trauben und die Äpfel und halbiere sie, schneide außerdem die Kresse ab.

2. Pflücke dann die Minzblätter, wasche sie und trockne sie mit einem Küchenkrepp ab. Jetzt kannst du die Gurkenstücke mit dem Obst und der Kresse, der Minze und $1/3$ des Wassers in den Mixtopf geben und alles 2 Minuten/ Stufe 9 pürieren.

3. Zum Schluss fügst du das restliche Wasser hinzu und mixt alles nochmals 30 Sekunden/ Stufe 8.

mixtipp
Trauben mit Kernen haben wesentlich mehr Geschmack als die kernlosen.

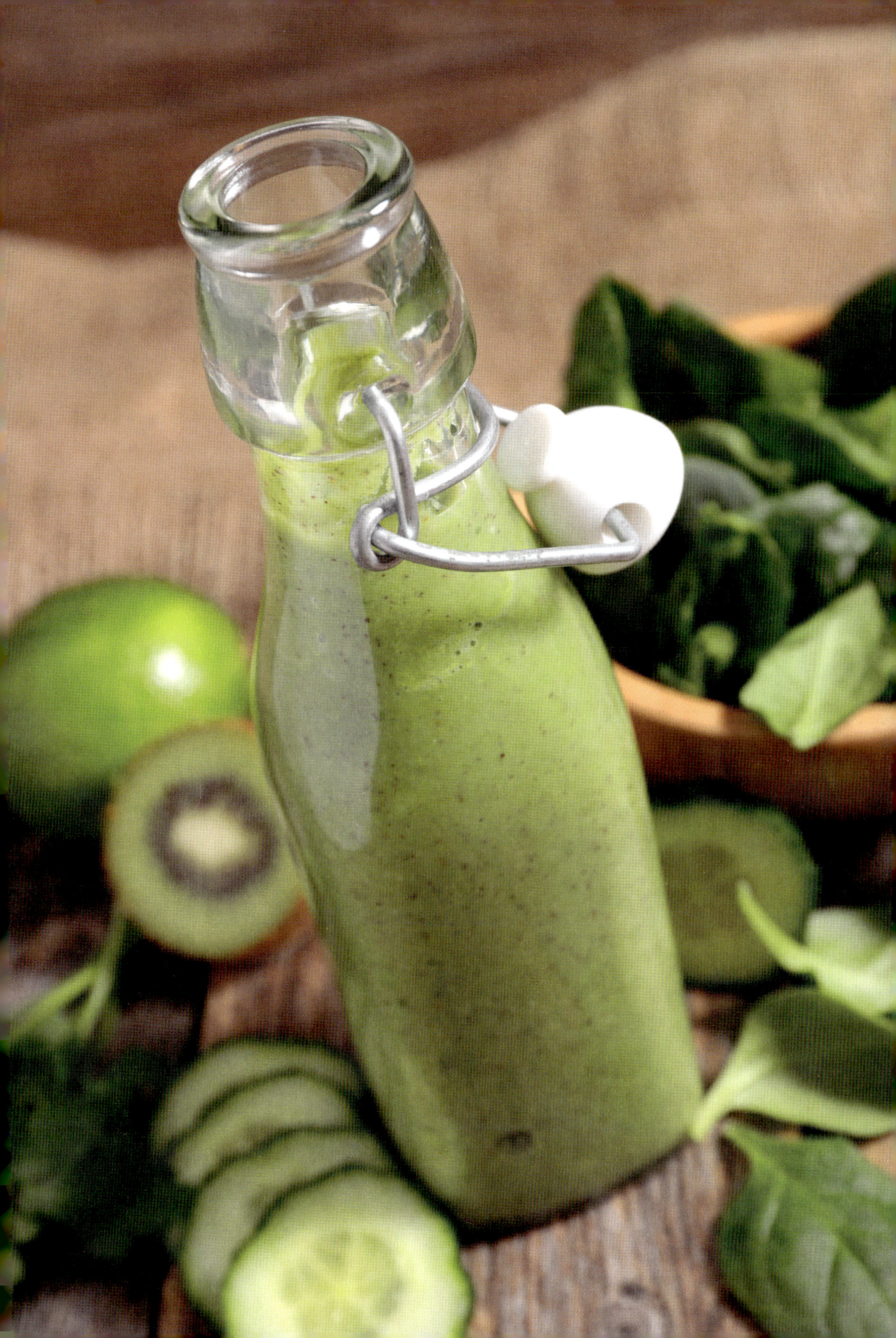

ERDBEER-BASILIKUM-SMOOTHIE

4-5 Gläser | 15 Min. | leicht

Zubereitungszeit: 15 Minuten
Zutaten für 4-5 Gläser

2 Mandarinen, halbiert
500 g Erdbeeren oder 450 g Erdbeeren, gefroren
2 Stängel Basilikum
10 g Vanillezucker
50 g Sprudelwasser
150 g Eiswürfel

1. Als Erstes schälst du die Mandarinen, entfernst die weiße Haut um das Fruchtfleisch und halbierst sie.

2. Gib die Mandarinenhälften mit den Erdbeeren, dem Basilikum und dem Vanillezucker in den Mixtopf. Dazu gießt du das Sprudelwasser und mixt alles 30 Sekunden/Stufe 8.

3. Nun fügst du noch die Eiswürfel hinzu und pürierst dann alle Zutaten 2 Minuten/Stufe 10.

mixtipp
Wenn es keine frischen Mandarinen gibt, kannst du auch welche aus der Dose verwenden. Lass in dem Fall nur den Vanillezucker weg.

2-3 Gläser | 10 Min. | leicht

Detox

RATZEPUTZ – GRÜNKOHL-SMOOTHIE

Zubereitungszeit: 10 Minuten
Zutaten für 2-3 Gläser

2 Äpfel, geviertelt und entkernt
1 Birne, geviertelt und entkernt
1 Banane, in Stücken
25 g Grünkohl
5 g Matcha
300 g Wasser, kalt
50 g Crushed Ice

1. Entkerne Äpfel und Birne. Schäle die Banane und schneide alle 3 Zutaten in grobe Stücke, die du in den Mixtopf gibst.

2. Außerdem fügst du den gewaschenen Grünkohl, Matcha, Wasser und Crushed Ice hinzu und vermengst alles 2 Minuten/ Stufe 10.

mixtipp
Matcha ist eine besondere Grüntee-Sorte. Er hat eine intensive grüne Farbe und einen lieblich-süßlichen Geschmack.

LIEBLINGSSMOOTHIES

3 Gläser | 10 Min. | leicht

RAKETENSTART: FLY ME TO FENCHEL

Zubereitungszeit: 10 Minuten
Zutaten für 3 Gläser

½ Knolle Fenchel

1 Apfel, geviertelt

½ Gurke

1 Avocado

300 g Wasser, kalt

45 g Crushed Ice

1. Schäle die halbe Fenchelknolle, den Apfel und die Gurke und löse das Fruchtfleisch der geschälten Avocado vom Kern. Gib alles in den Mixtopf.

2. Füge außerdem Wasser und Crushed Ice hinzu und püriere alles 2 Minuten/ Stufe 10.

mixtipp

Tiberio, Pompeo, Tiziano oder Leonardo sind nicht nur berühmte Maler der Renaissance, sondern auch unterschiedliche Fenchelsorten.

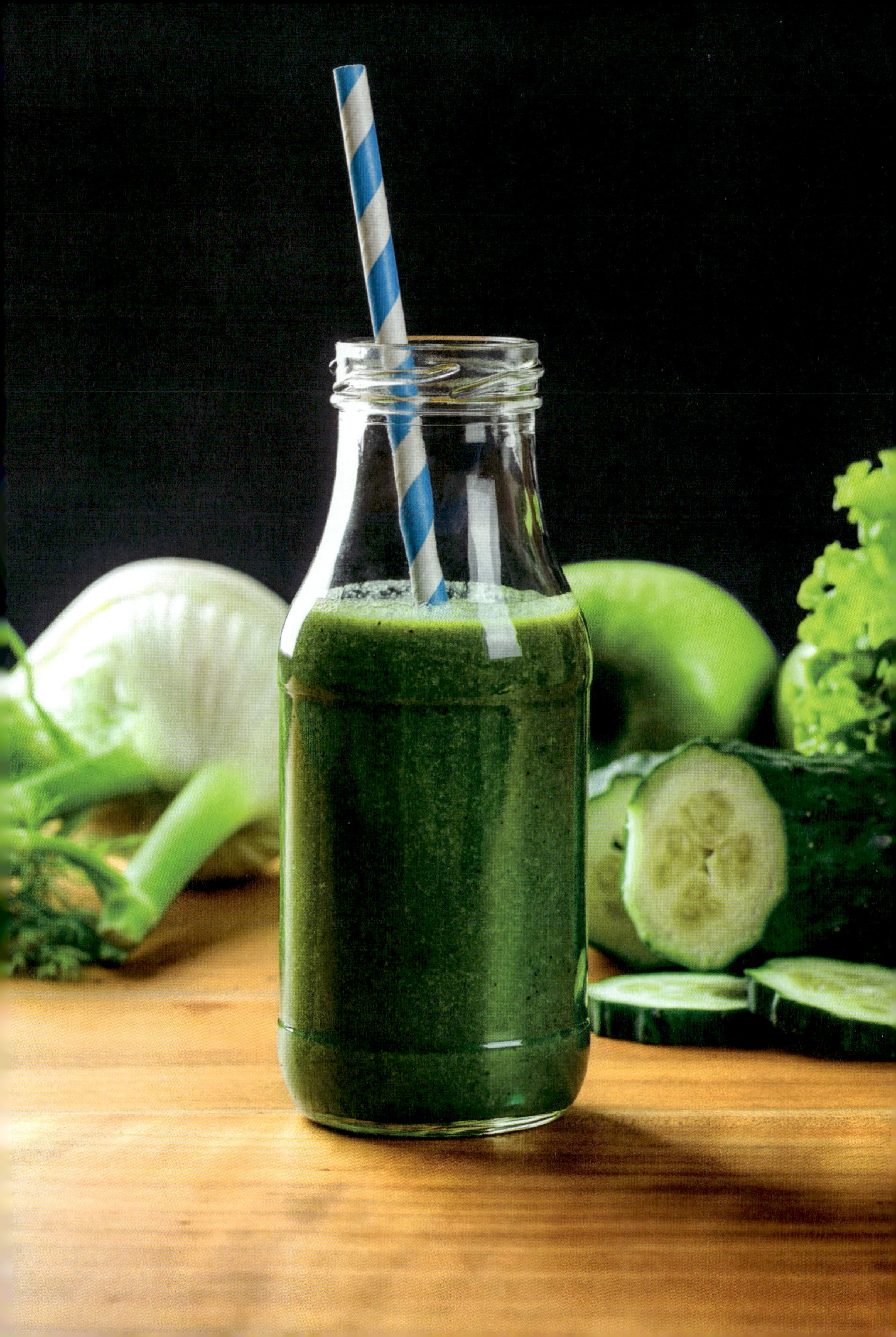

KOPFSALAT-COOLER

Zubereitungszeit: 15 Minuten
Zutaten für 2-3 Gläser

100 g Kopfsalat
200 g Ananas, in Stückchen
2 Kiwis, halbiert
1 walnussgroßes Stück Ingwer
1 TL Agavendicksaft
1 Prise Salz
200 g Sprudelwasser
50 g Crushed Ice
Schale einer Bio-Zitrone

1. Schneide den gewaschenen Kopfsalat, die Ananas, die geschälten Kiwis und den geschälten Ingwer in Stücke. Gib alles in den Mixtopf und mixe es 30 Sekunden/ Stufe 8.

2. Danach fügst du den Agavendicksaft, Salz, Sprudelwasser, Crushed Ice und die Schale einer Bio-Zitrone hinzu.

3. Püriere alles 2 Minuten/ Stufe 10 zu einem würzigen Smoothie.

mixtipp
Ingwer hat entzündungshemmende und schmerzlindernde Eigenschaften.

RUCOLA-SMOOTHIE

3 Gläser | 15 Min. | mittel

Zubereitungszeit: 15 Minuten
Zutaten für 3 Gläser

| 2 Äpfel, geviertelt und entkernt |
| 1 Mango, in Stücken |
| 1 Möhre, in Stücken |
| 1 Bund Rucola |
| 5-7 Minzblätter |
| 300 g Wasser |
| 5-7 Eiswürfel |

1. Entkerne die Äpfel, schäle die Mango und schneide beides in grobe Stücke. Die Möhre schälst du und zerkleinerst sie ebenfalls grob. Gib die Stückchen in den Mixtopf.

2. Füge Rucola, Minzblätter, Wasser und Eiswürfel hinzu und püriere alles 2 Minuten/Stufe 10.

mixtipp
Rucola hat einen hohen Jodgehalt und ist bei einer Schilddrüsenunterfunktion empfehlenswert.

LIEBLINGSSMOOTHIES

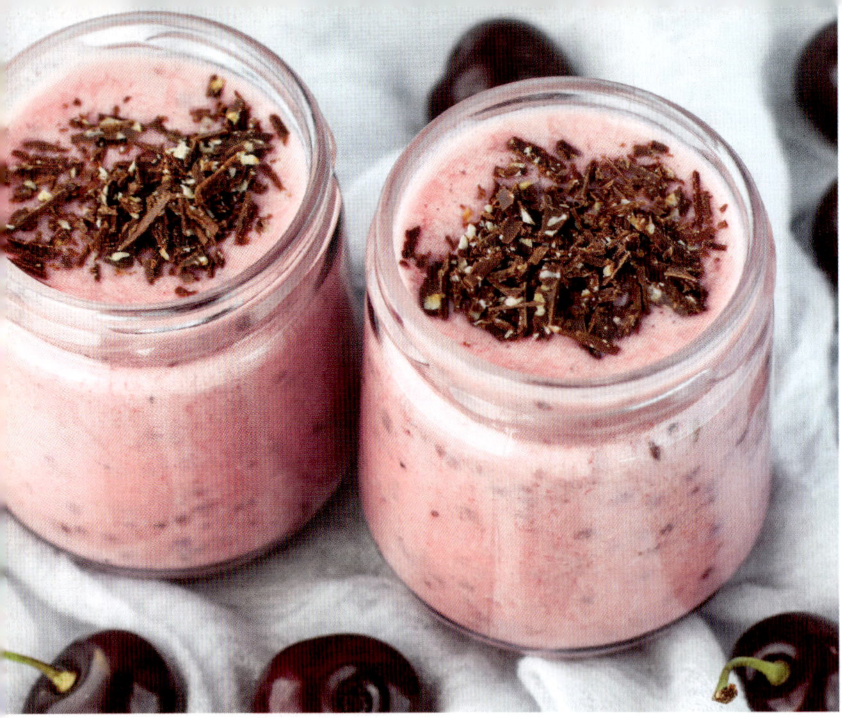
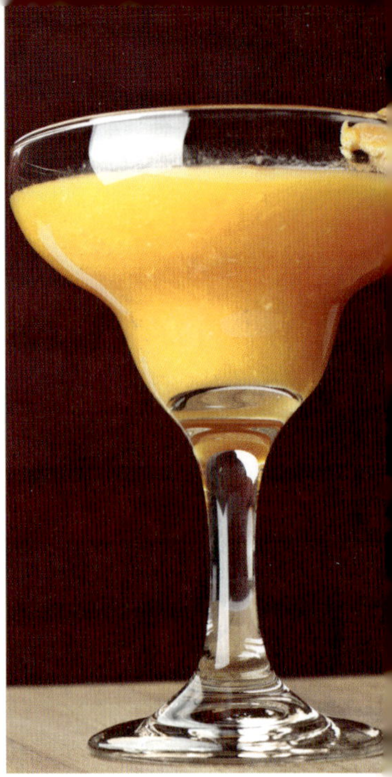
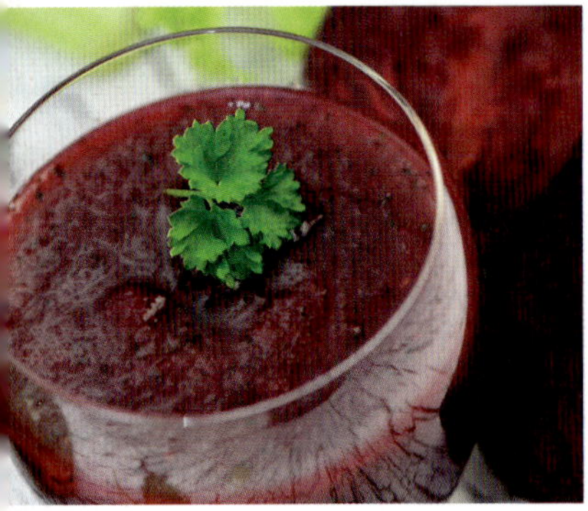
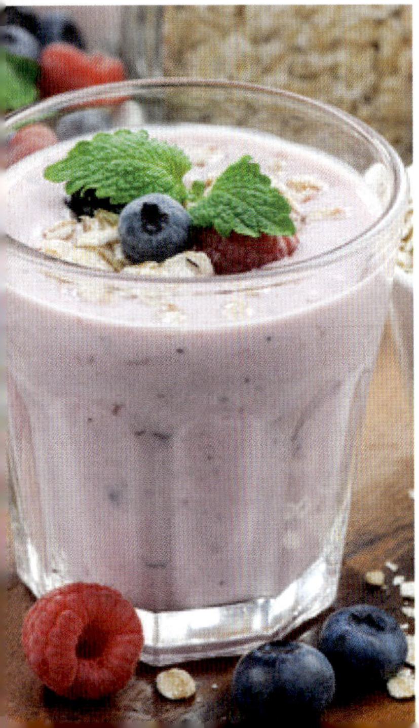
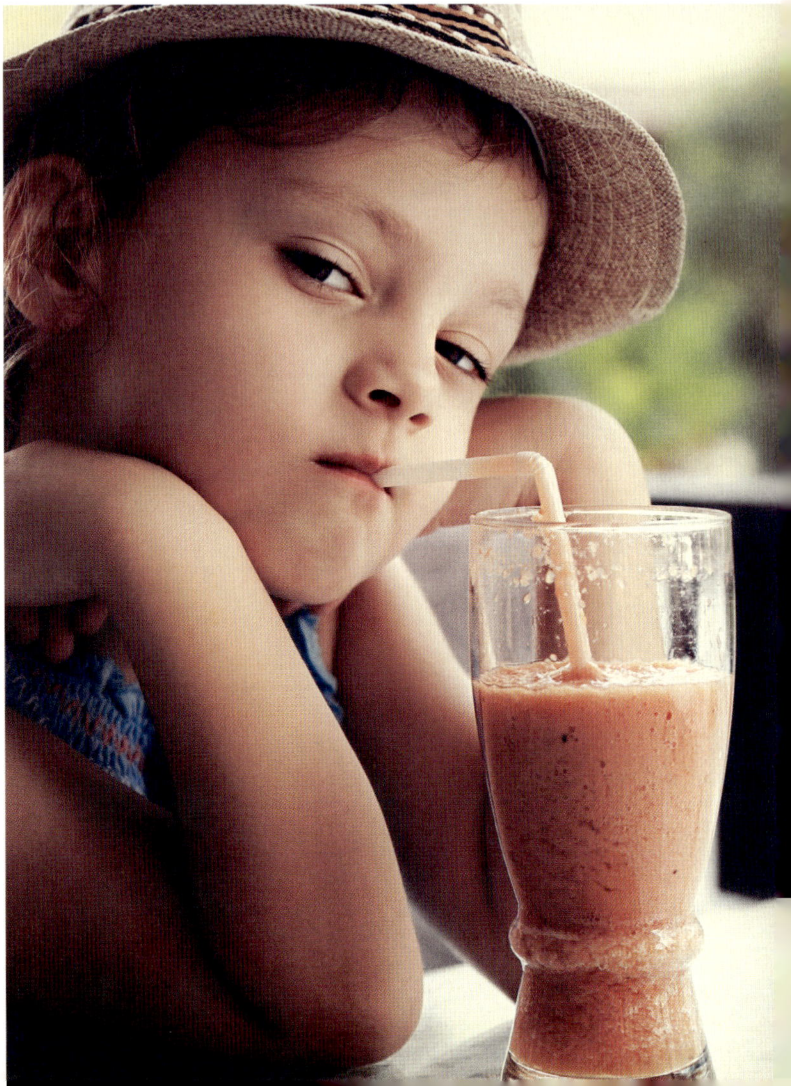

BEAUTY

Smoothies für deine innere und äußere Schönheit

KOKOKIRSCH

2-3 Gläser | 1h 30 Min. | mittel

Zubereitungszeit: 1 Stunde und 30 Minuten
Zutaten für 2-3 Gläser

600 g Kirschen

1 unbehandelte Limette

40 g Kokosmilch

1. Als Erstes wäschst du die Kirschen, entsteinst sie und legst sie gut abgetrocknet für 1 Stunde in den Kühlschrank.

2. Jetzt presst du die Limette aus und gibst den Saft in den Mixtopf.

3. Danach fügst du noch die Kirschen und $1/3$ der Kokosmilch hinzu und pürierst alles 1 Minute/ Stufe 8.

4. Gib zum Schluss den Rest der Kokosmilch hinzu und mixe den Smoothie nochmals 30 Sekunden/ Stufe 8.

mixtipp
Kokosmilch ist wirksam gegen Akne.

mixtipp

Für Schokofreaks: Bestreue den Smoothie mit 30 g geraspelter Bitterschokolade, die ist gut für das Herz.

ERDBEER-SMOOTHIE

3-4 Gläser | 5 Min. | leicht

Zubereitungszeit: 5 Minuten
Zutaten für 3-4 Gläser

400 g Erdbeeren, gefroren

½ Banane, in Stücken

300 g Orangensaft

5 g Honig

1. Gib zunächst die gefrorenen Erdbeeren in den Mixtopf und zerkleinere sie 30 Sekunden/ Stufe 10.

2. Jetzt schälst du die halbe Banane und schneidest sie in Stücke.

3. Gib die Bananenstücke und ⅓ des Orangensaftes und den Honig auf die Erdbeeren im Mixtopf und püriere alles 1 Minute/ Stufe 10.

4. Abschließend füllst du den Rest des Orangensaftes dazu und mixt alles nochmals 30 Sekunden/ Stufe 8.

mixtipp
Mit einem gepimpten Eiswürfel servieren: Dafür einfach eine Erdbeere in einem Eiswürfel einfrieren!

mixtipp

Hast du noch Erdbeeren übrig? Püriere eine Erdbeere und putze dir mit dem Püree die Zähne. Das gibt ein perfektes Naturbleaching.

ALLES MANGO ODER WAS?

Zubereitungszeit: 20 Minuten
Zutaten für 3 Gläser

2 Mangos, geviertelt

2 Nektarinen, in Stücken

2 Maracujas, halbiert

100 g Naturjoghurt

100 g Milch

1. Wasche die Mangos, schäle und entkerne sie und schneide sie in Viertel. Dann schneidest du die Nektarinen klein. Halbiere die Maracujas und löffele das Fruchtfleisch heraus.

2. Nun gibst du Mango- und Nektarinenstücke, das Fruchtfleisch der Maracujas, den Joghurt und $1/3$ der Milch in den Mixtopf und pürierst alles 1 Minute/ Stufe 10.

3. Zum Schluss fügst du den Rest der Milch hinzu und mixt nochmals alles 30 Sekunden/ Stufe 8.

mixtipp

Kaufe Maracujas am besten, wenn ihre Haut leicht schrumpelig ist, aber noch keine Druckstellen hat. Dann ist die Frucht besonders aromatisch.

mix*tipp*

Maracujas halten sich im Kühlschrank ein bis zwei Wochen.

Beauty

3-4 Gläser | 15 Min. | mittel

SOFT CELL

Zubereitungszeit: 15 Minuten
Zutaten für 3-4 Gläser

250 g Ananas, in Stücken

1 Banane, in Stücken

40 g Zucker

250 g Erdbeeren, gefroren

1. Entferne zuerst den Strunk und die Schale der Ananas und schneide das Fruchtfleisch in Stücke. Schäle die Banane, schneide sie in grobe Stücke und stell Ananas- und Bananenstücke zunächst beiseite.

2. Dann gibst du den Zucker in den Mixtopf und pulverisierst ihn 10 Sekunden/ Stufe 10.

3. Füge die Erdbeeren zum Zucker hinzu und zerkleinere alles 15 Sekunden/ Stufe 8.

4. Jetzt gibst du noch die Ananas- und die Bananenstücke in den Mixtopf und pürierst den Smoothie nochmals 1 Minute/ Stufe 10.

mixtipp

Wenn dir der Smoothie zu dickflüssig ist, kannst du ruhig noch etwas Wasser oder Ananassaft hinzufügen.

3-4 Gläser | 1h 12 Min. | mittel

Beauty

ARRIBA!

Zubereitungszeit: 1 Stunde und 12 Minuten
Zutaten für 3-4 Gläser

2 Papayas, in Stücken

1 Banane, in Stücken

5 g Agavendicksaft

300 g Mandelmilch

1. Zuerst schälst du die Papayas und die Banane und schneidest sie in Stücke. Leg die Obststücke dann für 1 Stunde ins Gefrierfach.

2. Anschließend gibst du das gefrorene Obst zusammen mit dem Agavendicksaft in den Mixtopf und pürierst die Mischung 30 Sekunden/ Stufe 10.

3. Danach gießt du noch die Mandelmilch hinzu und schlägst den Smoothie nochmals für 1 Minute/ Stufe 8 cremig auf.

mixtipp

Agavendicksaft bekommst du in jedem gut sortierten Supermarkt oder in Drogeriegeschäften.

LIEBLINGSSMOOTHIES

EIN TRAUM VOLLER BÄREN

3 Gläser | 6 Min. | leicht

Zubereitungszeit: 6 Minuten
Zutaten für 3 Gläser

| 10-15 frische Himbeeren |
| 10-15 frische Heidelbeeren |
| 10-15 frische Brombeeren |
| 1 Banane, in Stücken |
| 150 g Joghurt |
| 15 g zarte Haferflocken |
| 5 g Honig |

1. Wasche die Beerensorten unter kaltem Wasser kurz ab und lass sie in einem Sieb abtropfen. Die Banane schälst du und schneidest sie in Stücke.

2. Jetzt gibst du Himbeeren, Heidelbeeren, Brombeeren und Bananenstücke in den Mixtopf, fügst Joghurt, Haferflocken und Honig hinzu und pürierst den Smoothie anschließend für 45 Sekunden/ Stufe 10 fein cremig. Bärig gut!

mixtipp

Du kannst anstatt der Banane auch gerne eine Mango verwenden.

4-5 Gläser | 10 Min. | leicht

Beauty

KÄPT'N BLAUBEER SMOOTHIE

Zubereitungszeit: 10 Minuten
Zutaten für 4-5 Gläser

1 Orange, in Stücken
½ Banane, in Stücken
300 g Heidelbeeren, gefroren
50 g Himbeeren, gefroren
250 g Buttermilch
150 g Wasser, mit Sprudel
30 g Crushed Ice

1. Als Erstes schälst du die Orange und die halbe Banane und schneidest sie in Stücke. Entferne dabei die weiße Haut vom Fruchtfleisch der Orange.

2. Gib die Heidelbeeren und die Himbeeren mit den Orangen- und den Bananenstückchen in den Mixtopf. Dazu gießt du Buttermilch und Wasser und pürierst alles 30 Sekunden/ Stufe 8.

3. Zum Schluss gibst du das Crushed Ice hinzu und pürierst alles zusammen 1 Minute/ Stufe 10.

mixtipp
Trink diesen Smoothie in der Sonne sitzend auf deiner Terrasse – dann schmeckt er am besten.

LIEBLINGSSMOOTHIES

GRANATAPFEL-SMOOTHIE

4 Gläser | 15 Min. | mittel

Zubereitungszeit: 15 Minuten
Zutaten für 4 Gläser

1 Granatapfel

30 g Zucker

200 g Blaubeeren, gefroren

200 g Naturjoghurt

250 g Milch

1. Als Erstes halbierst du den Granatapfel und presst mithilfe einer Zitruspresse den Saft heraus. Die Kerne bleiben in der Auffangvorrichtung hängen. Einen Teil kannst du zum Garnieren aufbewahren und den Rest beiseitestellen, sowie den Saft auch.

2. Fülle als Nächstes den Zucker in den Mixtopf und pulverisiere ihn 30 Sekunden/ Stufe 10. Danach schiebst du ihn mit dem Spatel nach unten.

3. Auf den Zucker im Mixtopf gibst du jetzt die tiefgekühlten Blaubeeren und zerkleinerst sie 20 Sekunden/ Stufe 10.

4. Zum Schluss fügst du den Granatapfelsaft, die Kerne, Naturjoghurt und Milch hinzu und schlägst den Smoothie 2 Minuten/ Stufe 10 cremig auf.

mixtipp

Pass beim Auspressen auf, dass es nicht spritzt. Der Saft färbt sehr stark. Die Fruchtkörner bieten eine tolle Deko beim Servieren.

mixtipp

Du kannst auch Himbeeren statt Blaubeeren nehmen.

4 Gläser | 10 Min. | leicht

MAGIC CUCUMBER

Zubereitungszeit: 10 Minuten
Zutaten für 4 Gläser

1 Salatgurke (ca. 400 g), in Stücken

500 g Buttermilch

20 g Naturjoghurt

1 Prise Salz

50 g Crushed Ice

1 Spritzer Zitronensaft

Tabasco, nach Belieben

Dill, nach Belieben

1. Entkerne zu Beginn die Salatgurke. Verwende für den Smoothie nur den kernlosen Teil.

2. Gib jetzt Gurke, Buttermilch, Joghurt, Salz und Crushed Ice in den Mixtopf und püriere alles 2 Minuten/ Stufe 10.

3. Schmecke den Smoothie mit Zitronensaft, Tabasco und Dill ab und verrühre alles nochmals 30 Sekunden/ Stufe 10.

mixtipp

Gurken sind reich an Antioxidantien und unterstützen die Spannkraft der Haut.

51

FROZEN FRAMBOISE

2 Gläser | 8 Min. | leicht

Zubereitungszeit: 8 Minuten
Zutaten für 2 Gläser

1 Orange, in Stücken

1 Banane, in Stücken

50 g Himbeeren, gefroren

3 Kugeln Vanilleeis

5 Eiswürfel

1. Schäle die Orange und die Banane und schneide das Fruchtfleisch klein. Achte darauf, dass du auch die weiße Fruchthaut der Orange entfernst.

2. Gib Orangenstücke, Bananenstücke, Himbeeren, Vanilleeis und Eiswürfel zusammen in den Mixtopf und püriere alles 2 Minuten/ Stufe 10.

mixtipp

Absolut empfehlenswert an heißen Tagen.

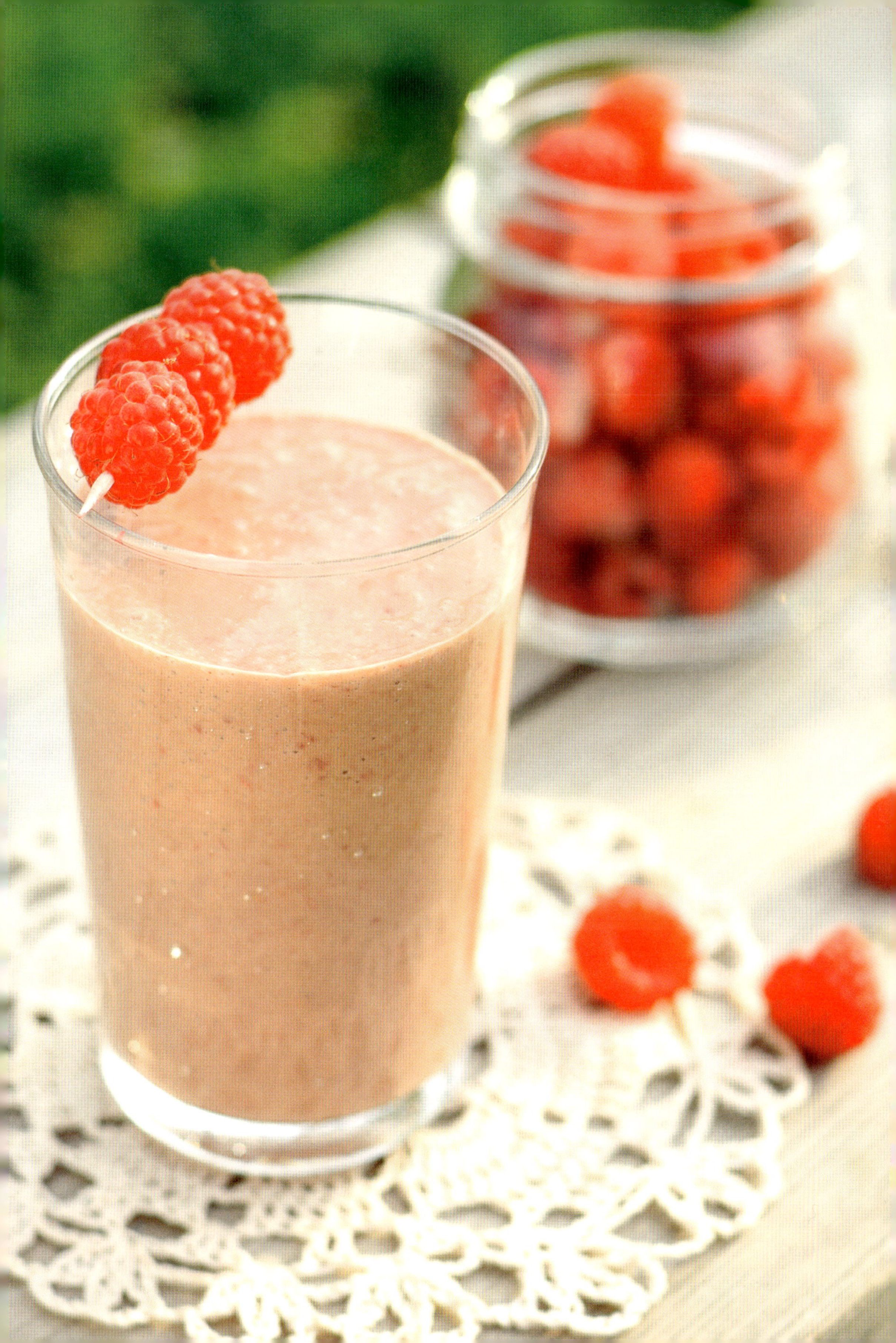

BLEEDING LOVE

3 Gläser | 3 Min. | leicht

mixtipp
Vanille hat eine aphrodisierende Wirkung.

Zubereitungszeit: 3 Minuten
Zutaten für 3 Gläser

½ Vanilleschote

200 g Himbeeren, gefroren

50 g Orangensaft

300 g Milch

5 g Zucker

1. Füll die Vanilleschote und die gefrorenen Himbeeren in den Mixtopf und zerkleinere beides 10 Sekunden/ Stufe 10.

2. Jetzt fügst du noch den Orangensaft, die Milch und den Zucker hinzu und pürierst alles 2 Minuten/ Stufe 10 zu einem erfrischenden Smoothie.

3-4 Gläser | 15 Min. | leicht

Beauty

FRÜHJAHRSPUTZ

Zubereitungszeit: 15 Minuten
Zutaten für 3-4 Gläser

200 g Brombeeren

100 g Himbeeren

100 g Heidelbeeren

250 g Wasser, kalt

30 g Crushed Ice

1. Verlese die Beeren und wasche sie ab. Tupf sie vorsichtig mit einem Tuch oder Küchenkrepp trocken.

2. Gib die Beeren, Wasser und Crushed Ice in den Mixtopf und püriere die Mischung 2 Minuten/ Stufe 10.

mixtipp
Wenn du etwas Chili hinzufügst, hast du eine feurige Mischung.

LIEBLINGSSMOOTHIES

ROTBÄCKCHEN-SMOOTHIE

2 Gläser | 15 Min. | mittel

Zubereitungszeit: 15 Minuten
Zutaten für 2 Gläser

5 g Ingwer

150 g Rote Beete, geschält und in Stücken

50 g Staudensellerie, in Stücken

50 g Apfel, geviertelt und entkernt

150 g Traubensaft, rot

40 g Crushed Ice

1. Schäle zuerst den Ingwer und zerkleinere ihn 5 Sekunden/ Stufe 5 im Mixtopf. Schiebe die Stückchen mit dem Spatel runter.

2. Schäle und zerkleinere die Rote Beete grob. Dabei solltest du Handschuhe tragen; der Saft der Roten Beete färbt sehr stark ab. Außerdem wäschst du den Sellerie und viertelst und entkernst den Apfel.

3. Gib Rote Beete, Sellerie, Apfel, Traubensaft und Crushed Ice zu dem Ingwer in den Mixtopf und mixe alles 2 Minuten/ Stufe 10.

mixtipp

Rote Beete erhöht den Glückshormonspiegel und sorgt für gute Laune.

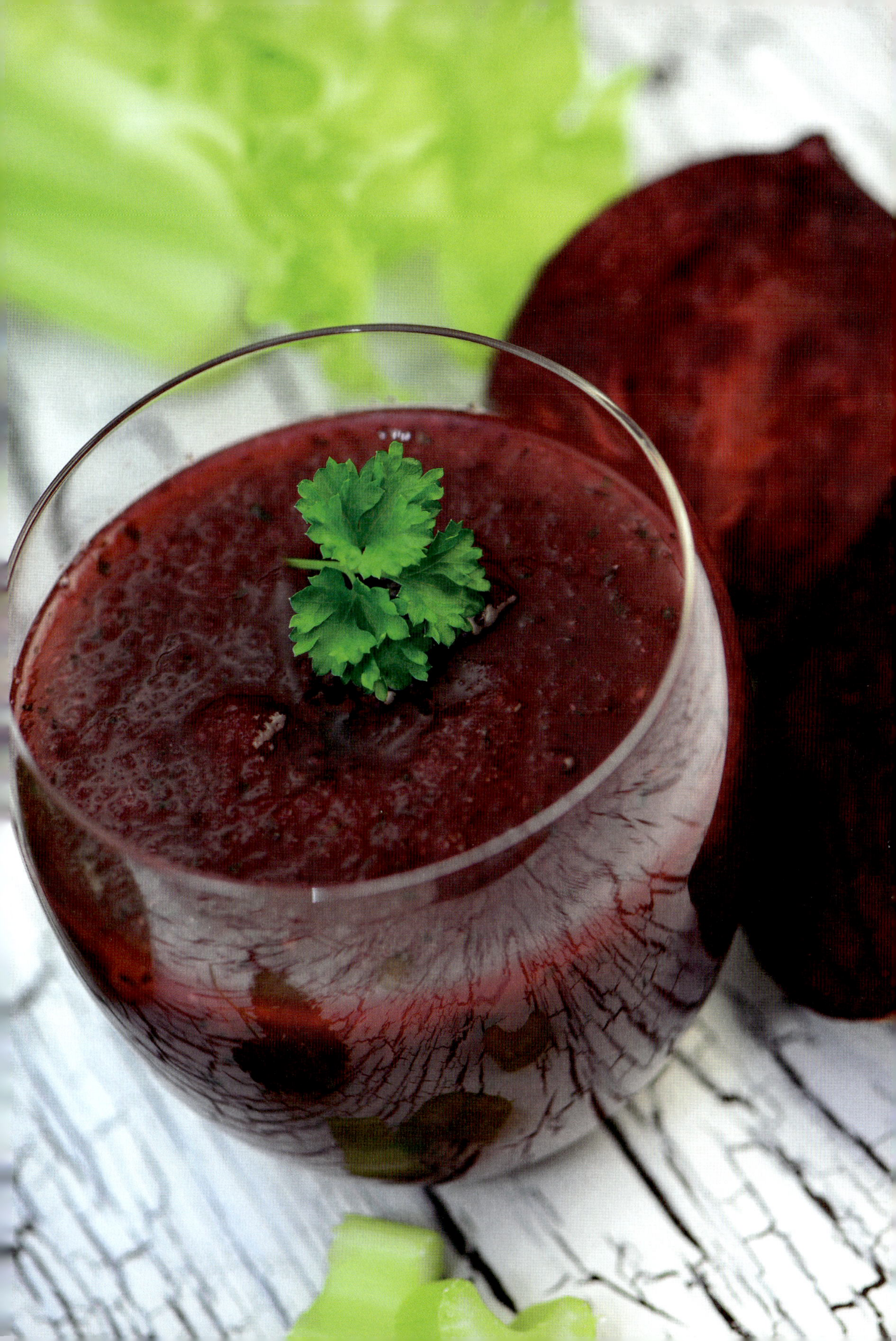

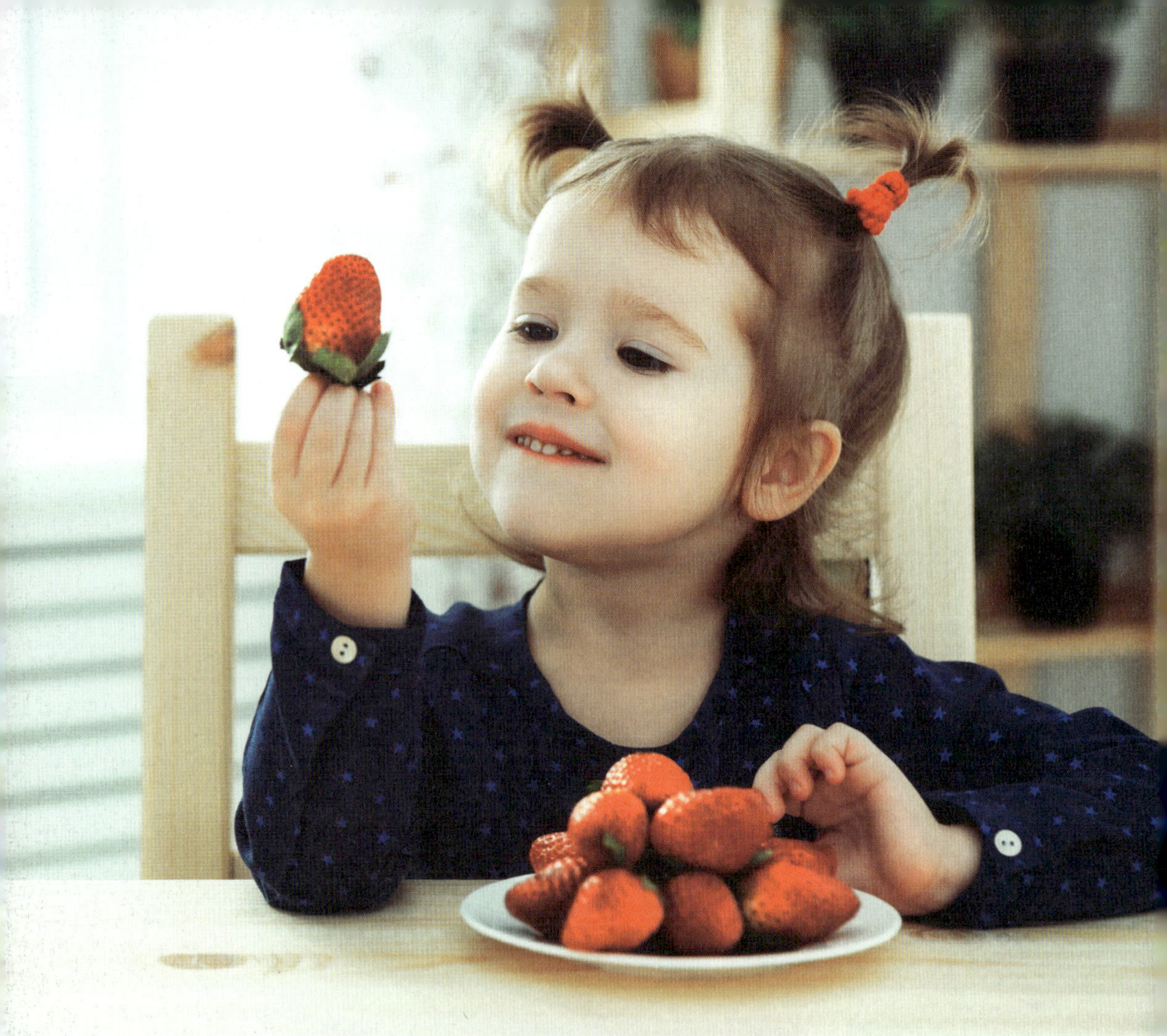
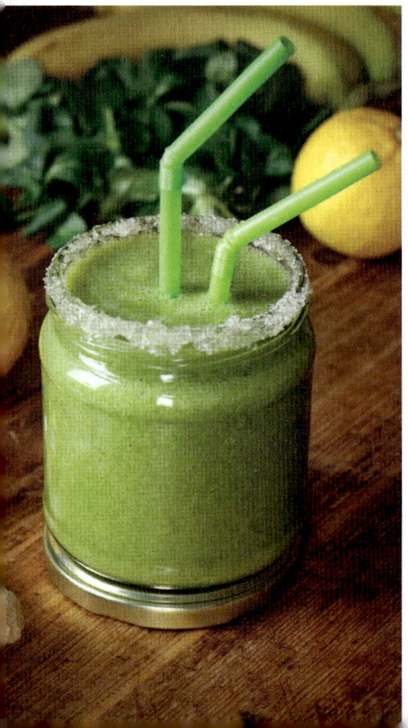
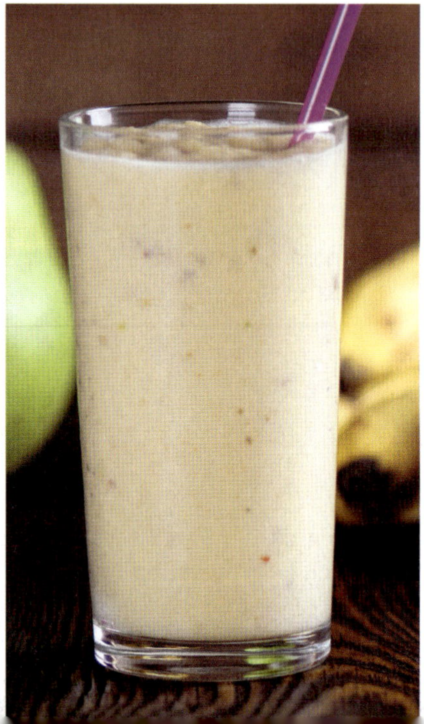
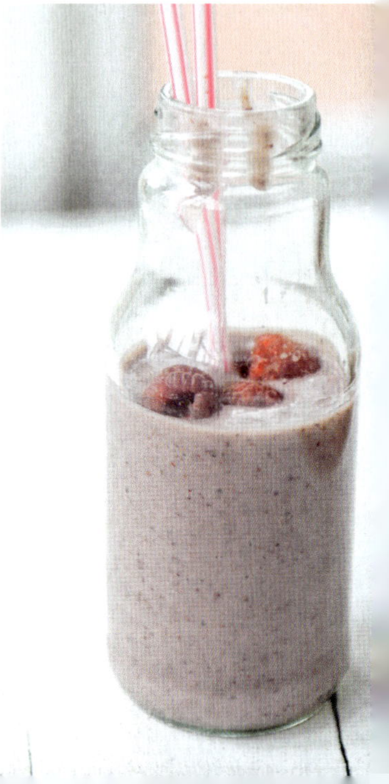

BRAIN

*Smoothies für einen klaren Kopf
im stressigen Alltag*

RASPBERRY DELIGHT

2 Gläser | 6 Min. | leicht

Zubereitungszeit: 6 Minuten
Zutaten für 2 Gläser

300 g Himbeeren

1 Banane, halbiert

5 g Vanillezucker

5 g Chia-Samen

100 g Sojamilch

5 Eiswürfel

1. Zuerst wäschst du die Himbeeren ab und lässt sie gut abtropfen.

2. Dann gibst du die Himbeeren (bis auf eine Handvoll), die geschälte und halbierte Banane, den Vanillezucker, die Chia-Samen, die Sojamilch und die Eiswürfel in den Mixtopf und pürierst alles 1 Minute/ Stufe 8.

3. Jetzt kannst du schon den Smoothie auf 2 Gläser verteilen und mit den zur Seite gestellten Himbeeren verzieren.

mixtipp

Ihr geringer Kaloriengehalt macht die Himbeere zu einem idealen Begleiter bei Diäten.

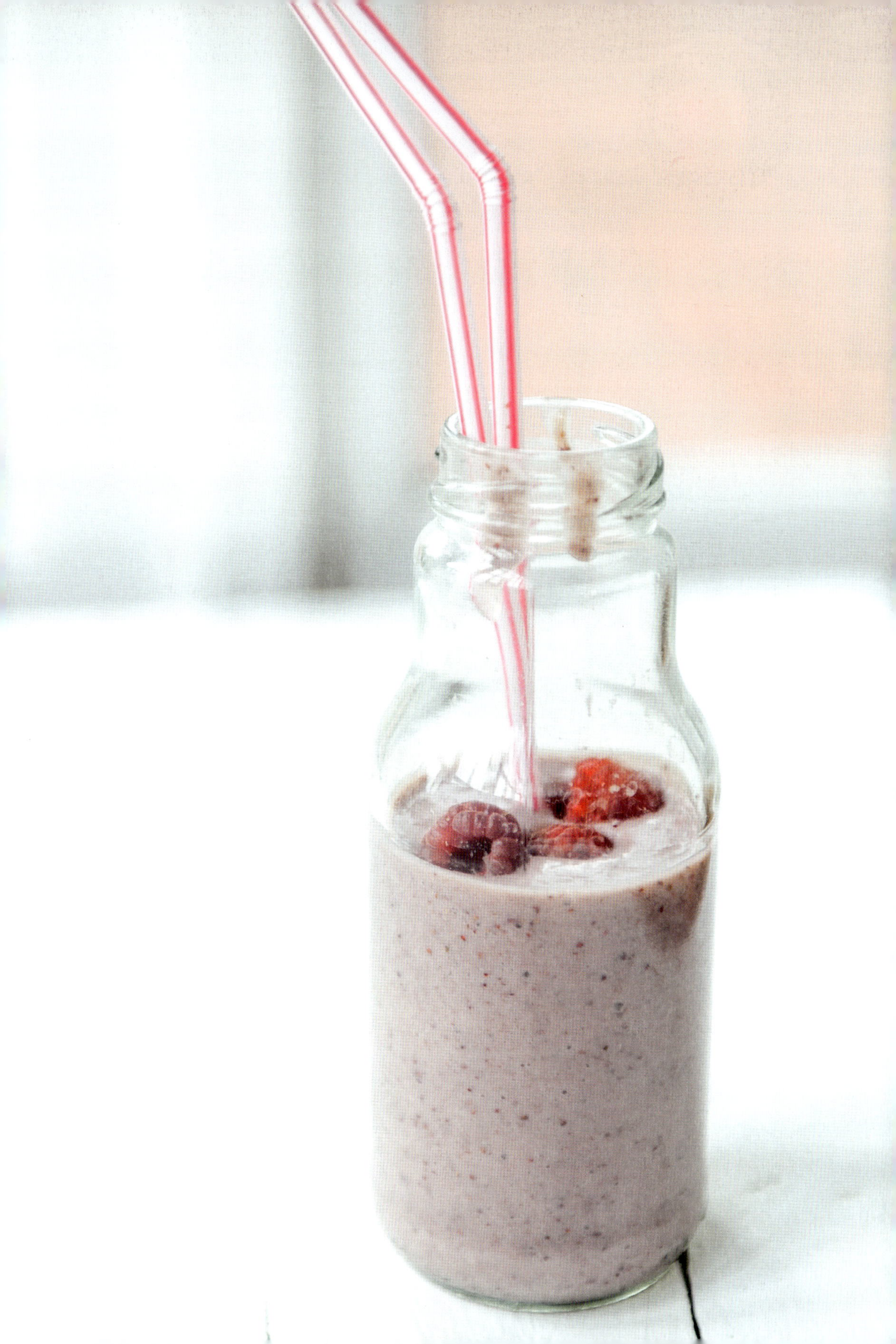

MINION-MIX

3 Gläser | 8 Min. | leicht

Zubereitungszeit: 8 Minuten
Zutaten für 3 Gläser

| 2 Kiwis, halbiert |
| 2 Bananen, in Stücken |
| 500 g Orangensaft |
| 5 g Honig |

1. Schäle und halbiere Kiwis und Bananen, schneide die Bananen klein und die Kiwis in Hälften.

2. Nun gibst du das Obst in den Mixtopf und zerkleinerst es 10 Sekunden/ Stufe 8.

3. Zum Schluss fügst du noch $1/3$ des Orangensaftes und den Honig hinzu und pürierst den Kiwi-Bananen-Smoothie 30 Sekunden/ Stufe 10.

4. Jetzt gibst du den Rest des Orangensaftes hinzu und pürierst alles nochmal 30 Sekunden/ Stufe 8.

mixtipp

Banana!!!

FAST & FURIOUS

Zubereitungszeit: 18 Minuten
Zutaten für 5 Gläser

| 2 Pfirsiche, halbiert |
| 1 Banane, in Stücken |
| 1 Zespri, halbiert |
| 250 g Aprikosen, in Stücken |
| 250 g Joghurt |
| 35 g Haferflocken |
| 200 g Milch |
| 5 g Chia-Samen |
| 200 g Mandelmilch |

1. Zuerst schälst und entkernst du die Pfirsiche. Schneide sie in grobe Stücke.

2. Schäle die Banane und die Zespri und schneide sie in Stücke, wasche dann die Aprikosen und schneide sie ebenfalls klein.

3. Jetzt kannst du das Obst in den Mixtopf geben. Füge Joghurt, Haferflocken, Milch und Chia-Samen hinzu und püriere den gesunden Drink 1 Minute/ Stufe 10.

4. Gib zum Schluss noch die Mandelmilch hinzu und püriere alles 30 Sekunden/ Stufe 8.

mixtipp
Wer mag, kann noch ein paar Eiswürfel hinzufügen!

BB – BIRNEN-BANANEN-MIX

2-3 Gläser | 10 Min. | leicht

Zubereitungszeit: 10 Minuten
Zutaten für 2-3 Gläser

Saft einer Zitrone
4 Birnen, geviertelt
2 Bananen, in Stücken
4 Eiswürfel
200 g Ananassaft
Crushed Ice zum Servieren

1. Press die Zitrone aus und füll den Saft in den Mixtopf.

2. Jetzt wäschst und schälst du die Birnen, entfernst die Kerngehäuse und schneidest die Birnen in Viertel. Auch die Bananen schälst du und schneidest sie in Stücke.

3. Gib nun das Obst auf den Zitronensaft im Mixtopf, füge die Eiswürfel und 1/3 des Ananassaftes hinzu und püriere den Smoothie 1,5 Minuten/ Stufe 10. Anschließend fügst du den Rest des Saftes hinzu und mixt nochmal alles 30 Sekunden/ Stufe 8.

4. Verteile, wenn du magst, Crushed Ice auf 2-3 Gläser und serviere die Smoothies darin.

mixtipp
Am besten bewahrst du Birnen getrennt vom restlichen Obst auf. Sie geben Ethylen ab, was die anderen Früchte schneller verderben lässt.

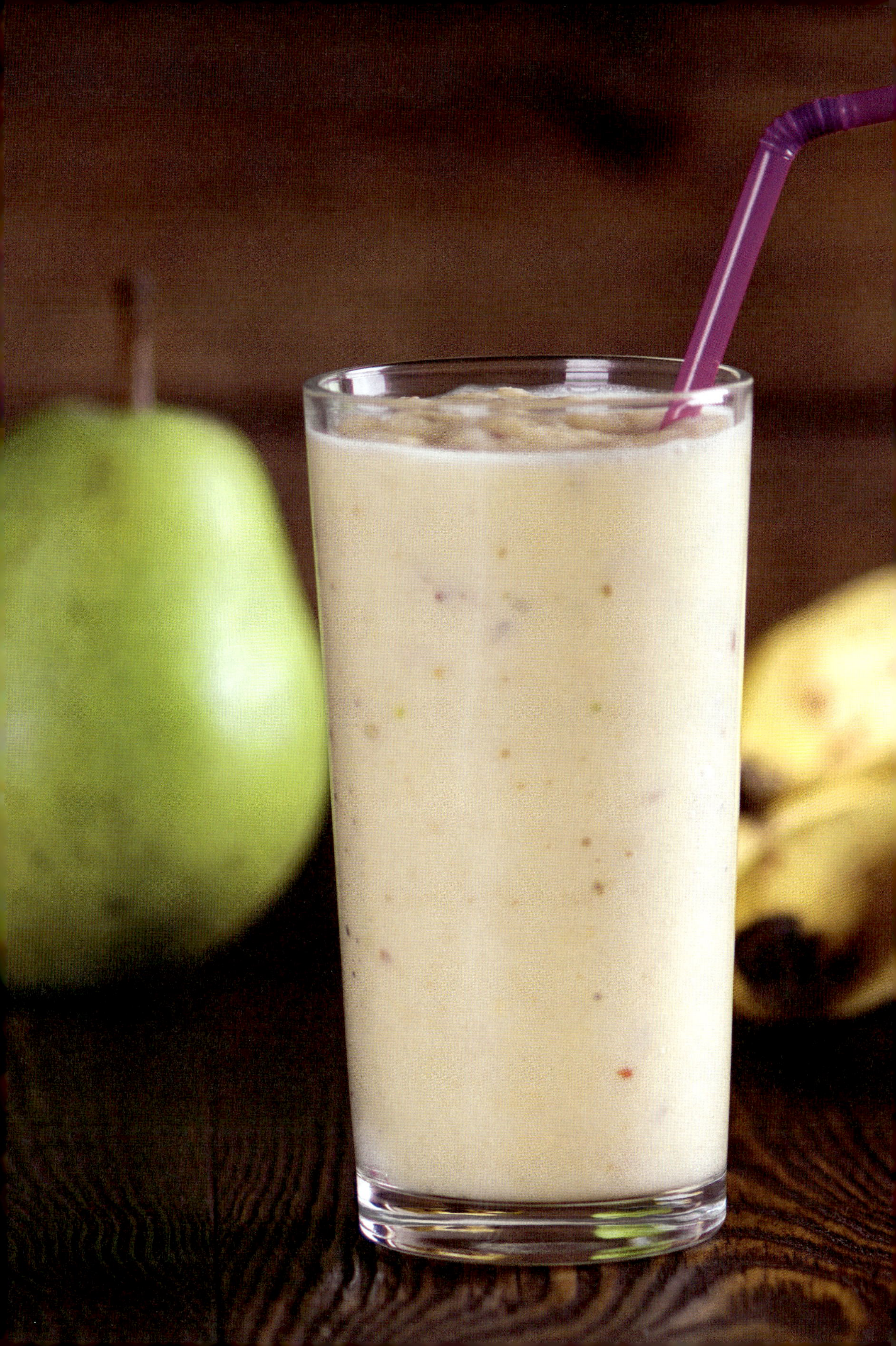

PINEAPPLE-CHILLER

5 Gläser | 65 Min. | leicht

Zubereitungszeit: 65 Minuten
Zutaten für 5 Gläser

1 Dose Ananas, in Stücken (570 g)

500 g Buttermilch

5 g Honig

50 g Ananassaft

Früchte zum Garnieren, nach Belieben

1. Als Erstes schüttest du die Ananas ab, fängst den Saft auf und lässt die Ananasstückchen nun für ca. eine Stunde im Gefrierfach anfrieren. Anschließend gibst du sie in den Mixtopf und zerkleinerst die gefrorenen Stückchen 10 Sekunden/ Stufe 10.

2. Jetzt gießt du Buttermilch dazu, gibst Honig auf die Mischung und pürierst dann alle Zutaten 1 Minute/ Stufe 8.

3. Anschließend gießt du noch den Ananassaft hinzu und schlägst den Smoothie nochmals für 30 Sekunden/ Stufe 8 cremig auf. Garniere dein Glas, wie du es magst.

mixtipp
Frische Ananas ist sehr enzymhaltig und sollte nicht mit Milchprodukten vermischt werden, da sie sonst bitter schmeckt.

LIEBLINGSSMOOTHIES

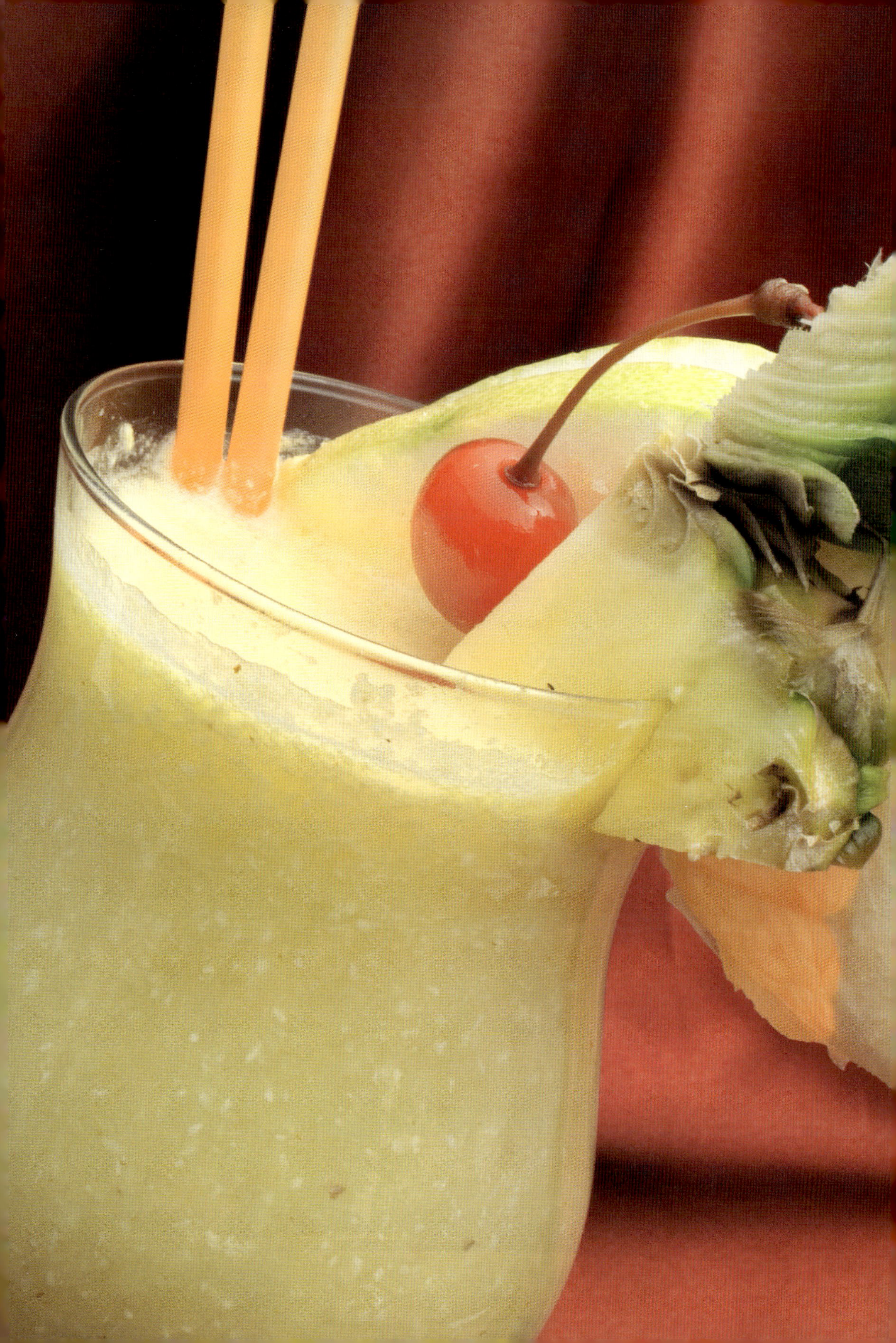

ZOMBIE-KILLER

2-3 Gläser | 10 Min. | leicht

Zubereitungszeit: 10 Minuten
Zutaten für 2-3 Gläser

| 1 Avocado, entkernt, in Stücken |
| 1 Paprikaschote, gelb, in Vierteln |
| 25 g Mais, aus der Dose |
| 1 EL Zitronensaft |
| 100 g Magerquark |
| 10 g Sonnenblumenöl |
| 50 g Crushed Ice |

1. Zuerst schälst du die Avocado, löst das Fruchtfleisch vom Kern und schneidest es in Stücke. Dann wäschst und viertelst du die Paprika und entfernst das Kerngehäuse.

2. Gib die Avocadostückchen, die Paprikaschote und den Mais in den Mixtopf und füge Zitronensaft, Magerquark, Öl und Crushed Ice hinzu. Nun kannst du den Smoothie 1,5 Minuten/ Stufe 10 pürieren.

mixtipp

Wenn du es lieber etwas süßlicher magst, nimm anstatt der Avocado eine große Banane.

ORIENTAL-FLOW

2-3 Gläser | 10 Min. | leicht

Zubereitungszeit: 10 Minuten
Zutaten für 2-3 Gläser

15 g Zucker
12 Datteln, entkernt
1 Banane, in Stücken
400 g Mandelmilch
10 g Ahornsirup
45 g geschälte Mandeln

1. Zunächst pulverisierst du den Zucker im Mixtopf 30 Sekunden/ Stufe 10.

2. Jetzt entkernst du die Datteln und schneidest die Banane in Stücke.

3. Gib Datteln, Banane, Mandelmilch, Ahornsirup und die geschälten Mandeln in den Mixtopf und schlage den Smoothie 1 Minute/ Stufe 8 cremig auf.

4. Anschließend pürierst du ihn noch einmal für 15 Sekunden/ Stufe 10.

mixtipp
Wenn du unter Schlafproblemen leidest, solltest du diesen Smoothie abends trinken.

LIEBLINGSSMOOTHIES

PAPAYAPOWER

2-3 Gläser | 15 Min. | mittel

Zubereitungszeit: 15 Minuten
Zutaten für 2-3 Gläser

1 große Papaya, in Stücken

100 g Mandarinen, in Stücken

Saft von 1 Zitrone

75 g Orangensaft

10 g zarte Haferflocken

10 g Apfeldicksaft

10 g Goji-Beeren, getrocknet

1. Schäle zunächst die Papaya, entferne die Kerne und schneide sie in grobe Stücke. Entferne Schale und weiße Haut der Mandarinen und schneide das Fruchtfleisch klein.

2. Nun presst du eine Zitrone aus und füllst den Saft in den Mixtopf.

3. Darauf gibst du die Obststücke, den Orangensaft, die Haferflocken, den Apfeldicksaft und die Goji-Beeren und pürierst den Smoothie 1 Minute/ Stufe 10.

mixtipp

Goji-Beeren bekommst du in Bio-Supermärkten, Reformhäusern, Asiashops, Apotheken oder im Supermarkt. Beachte dabei die Inhaltsstoffe, die Herkunft und das Haltbarkeitsdatum.

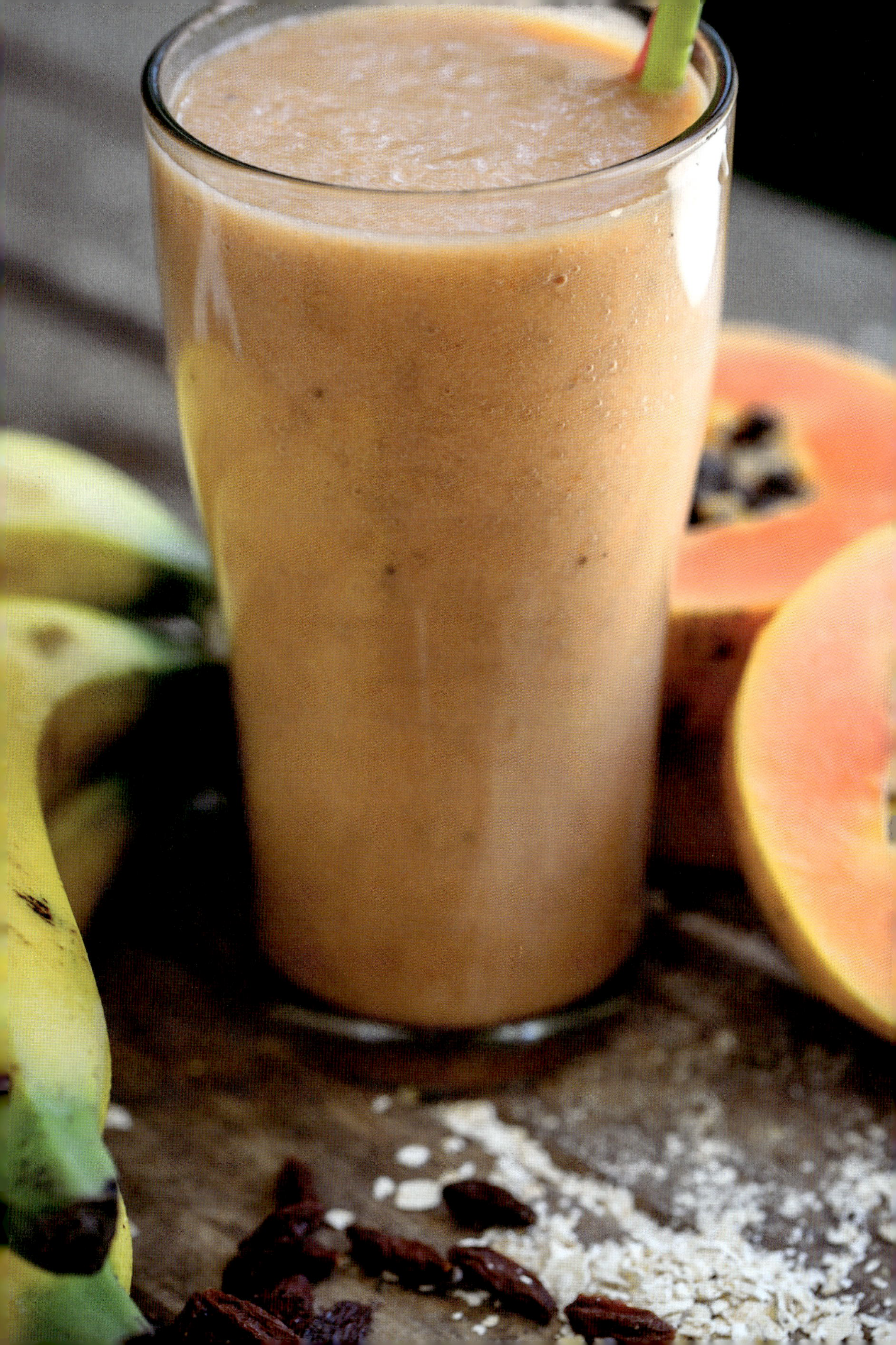

ÄPFEL-FELDSALAT-SMOOTHIE

4 Gläser | 15 Min. | leicht

Zubereitungszeit: 15 Minuten
Zutaten für 4 Gläser

1 haselnussgroßes Stück Ingwer

2 Handvoll Feldsalat

2 Äpfel, geviertelt, entkernt

1 Banane, in Stücken

1 Handvoll Petersilie

1 Spritzer Zitronensaft

300 g Orangensaft

300 g Wasser

60 g Crushed Ice

1. Gib zunächst den geschälten Ingwer in den Mixtopf und zerkleinere ihn 8 Sekunden/ Stufe 6. Schiebe anschließend die Stückchen mit dem Spatel runter.

2. Füge danach alle restlichen Zutaten in den Mixtopf hinzu und püriere sie 2 Minuten/ Stufe 10.

mixtipp

Ingwer hat viele gesundheitsfördernde Eigenschaften. Man sagt ihm sogar nach, dass er Alzheimer vorbeugen könnte.

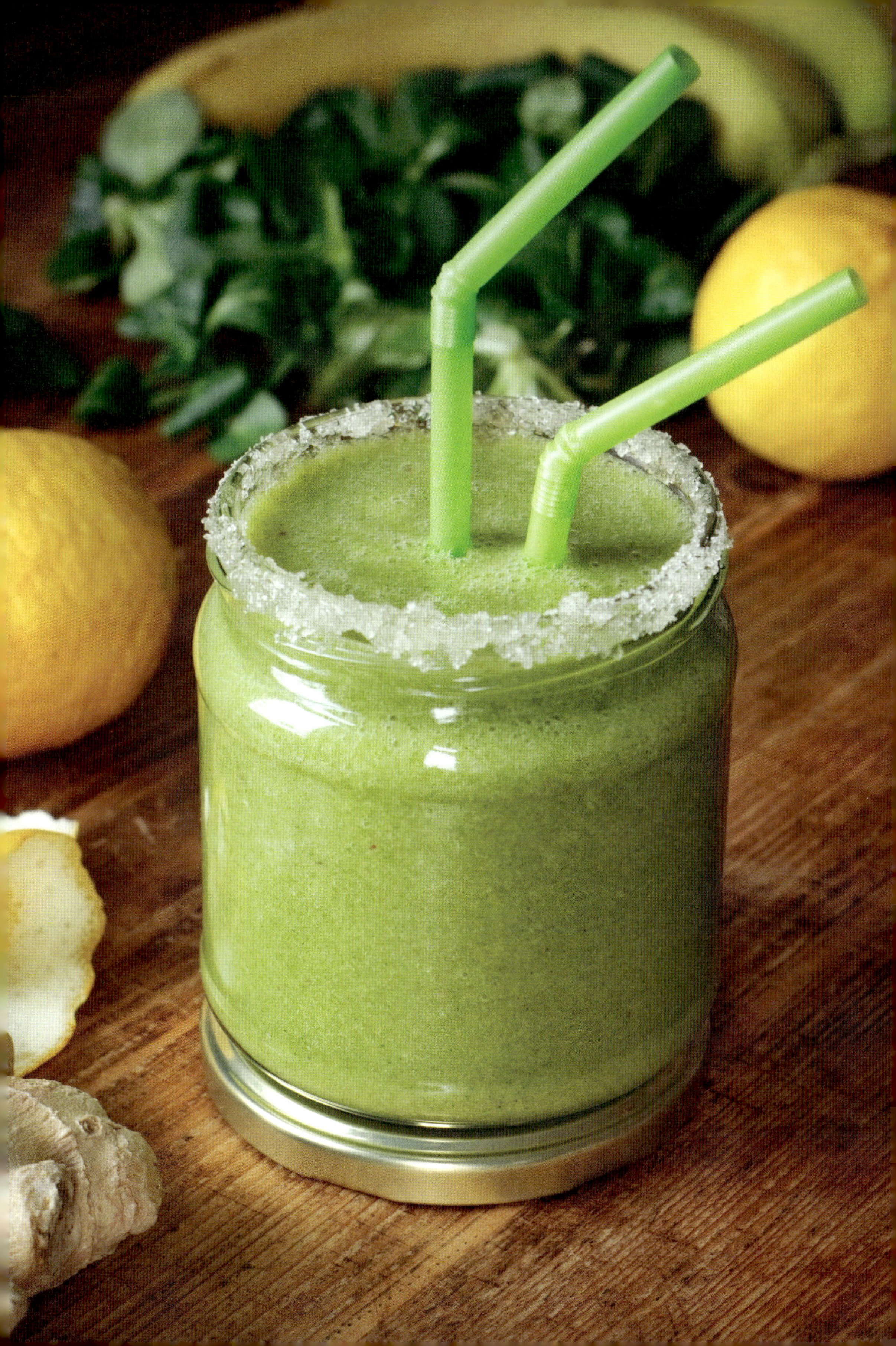

SCHOKOKUSS

3 Gläser | 6 Min. | leicht

Zubereitungszeit: 6 Minuten
Zutaten für 3 Gläser

30 g Schogetten

20 g Kakaopulver

250 g Milch

1 Banane, in Stücken

200 g Vanilleeis

30 g Crushed Ice

1. Als Erstes zerkleinerst du die Schokolade 8 Sekunden/ Stufe 8 und stellst sie zur Seite.

2. Dann vermischst du im Mixtopf Kakaopulver und Milch 45 Sekunden/ Stufe 8.

3. Schäl die Banane und schneide sie in grobe Stücke.

4. Dann gibst du die Bananenstücke und die Schokoraspeln mit dem Vanilleeis und dem Crushed Ice in die Kakaomilch und pürierst alles 2 Minuten/ Stufe 10 zu einem feinen Smoothie.

mixtipp
Wenn du eine Messerspitze Chili hinzufügst, hast du einen extra „scharfen" Schokokuss.

mixtipp

Wenn du keine Schogetten hast, nimm einfach 30 g deiner Lieblingsschokolade.

PINA-COLADA-SMOOTHIE

2-3 Gläser | 15 Min. | mittel

Zubereitungszeit: 15 Minuten
Zutaten für 2-3 Gläser

1 Banane, in Stücken

½ Ananas, in Stücken

100 g Sahne

100 g Kokosmilch

10 g Ahornsirup

100 g Ananassaft

10 g Vanillezucker

30 g Crushed Ice

1. Zuerst schälst du die Banane und schneidest sie in grobe Stücke. Entferne den Strunk und die Schale der Ananas und zerschneide das Fruchtfleisch in grobe Stücke.

2. Gib das Obst nun mit Sahne, Kokosmilch, Ahornsirup, Ananassaft, Vanillezucker und Crushed Ice in den Mixtopf und püriere die Mischung 2 Minuten/ Stufe 10.

mixtipp
Wenn du 40 g weißen Rum hinzufügst, kannst du ganz einfach einen leckeren Cocktail genießen.

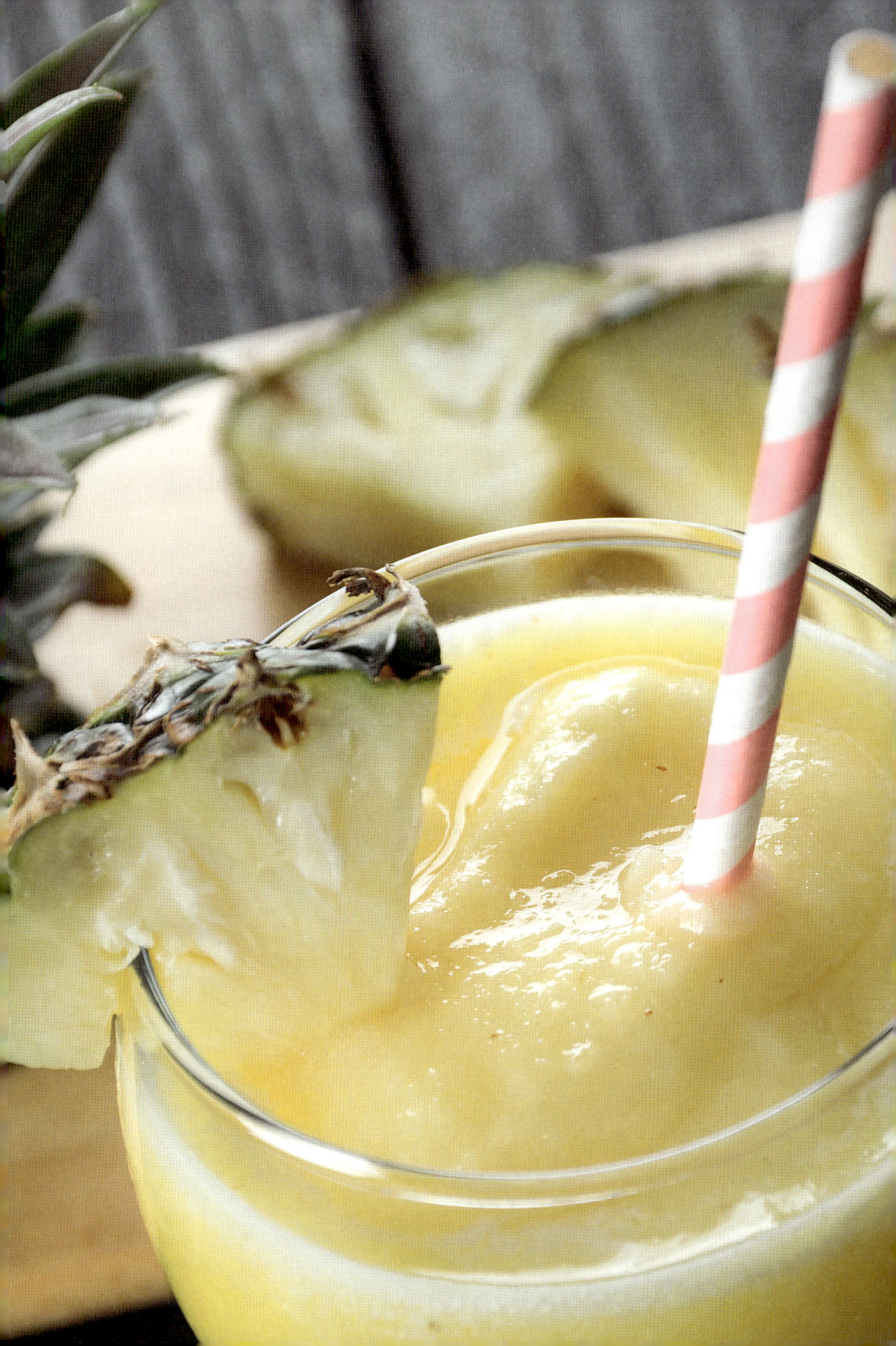

ERDBEER-MANDEL-SMOOTHIE

3 Gläser | 6 Min. | leicht

Zubereitungszeit: 6 Minuten
Zutaten für 3 Gläser

- 200 g Erdbeeren, gefroren
- 50 g Mandeln
- 250 g Mandelmilch, kalt
- 50 g Sahne
- 50 g Crushed Ice

1. Zerkleinere die gefrorenen Erdbeeren 20 Sekunden/ Stufe 8.

2. Anschließend kommen Mandeln, 1/3 der Mandelmilch, Sahne und Crushed Ice in den Mixtopf zu dem Erdbeerpüree. Vermische alle Zutaten 2 Minuten/ Stufe 10 zu einem erfrischenden Smoothie.

3. Abschließend füllst du den Rest der Mandelmilch dazu und verquirlst alles 30 Sekunden/ Stufe 10.

mixtipp

Allergisch gegen Mandeln? Dann nimm stattdessen Haselnüsse und Sojamilch mit Vanillegeschmack.

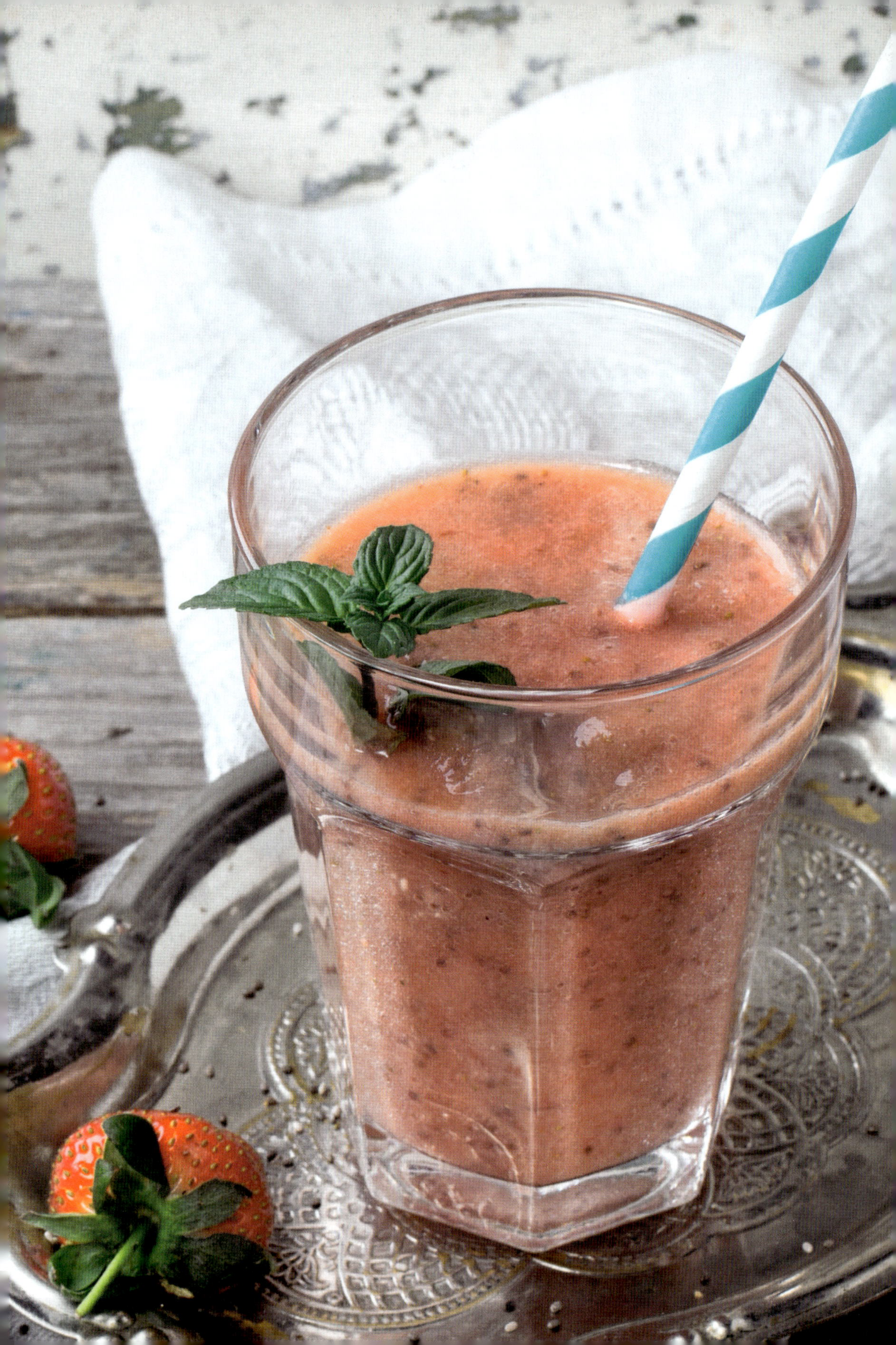

DAILY DRAGON DELIGHT

Zubereitungszeit: 10 Minuten
Zutaten für 2 Gläser

1 Drachenfrucht

100 g Johannisbeeren

5 g Chia-Samen

100 g Sprudelwasser, kalt

2 TL Honig

30 g Crushed Ice

1. Schäle die Drachenfrucht und wasche die Johannisbeeren.

2. Gib die Früchte zusammen mit den Chia-Samen, Sprudelwasser, Honig und Crushed Ice in den Mixtopf und püriere den exotischen Smoothie 2 Minuten/Stufe 10.

mixtipp

Das Fruchtfleisch der Drachenfrucht kann weiß oder rot sein. Je nachdem, welche Frucht du verwendest, verändert sich die Farbe deines Smoothies.

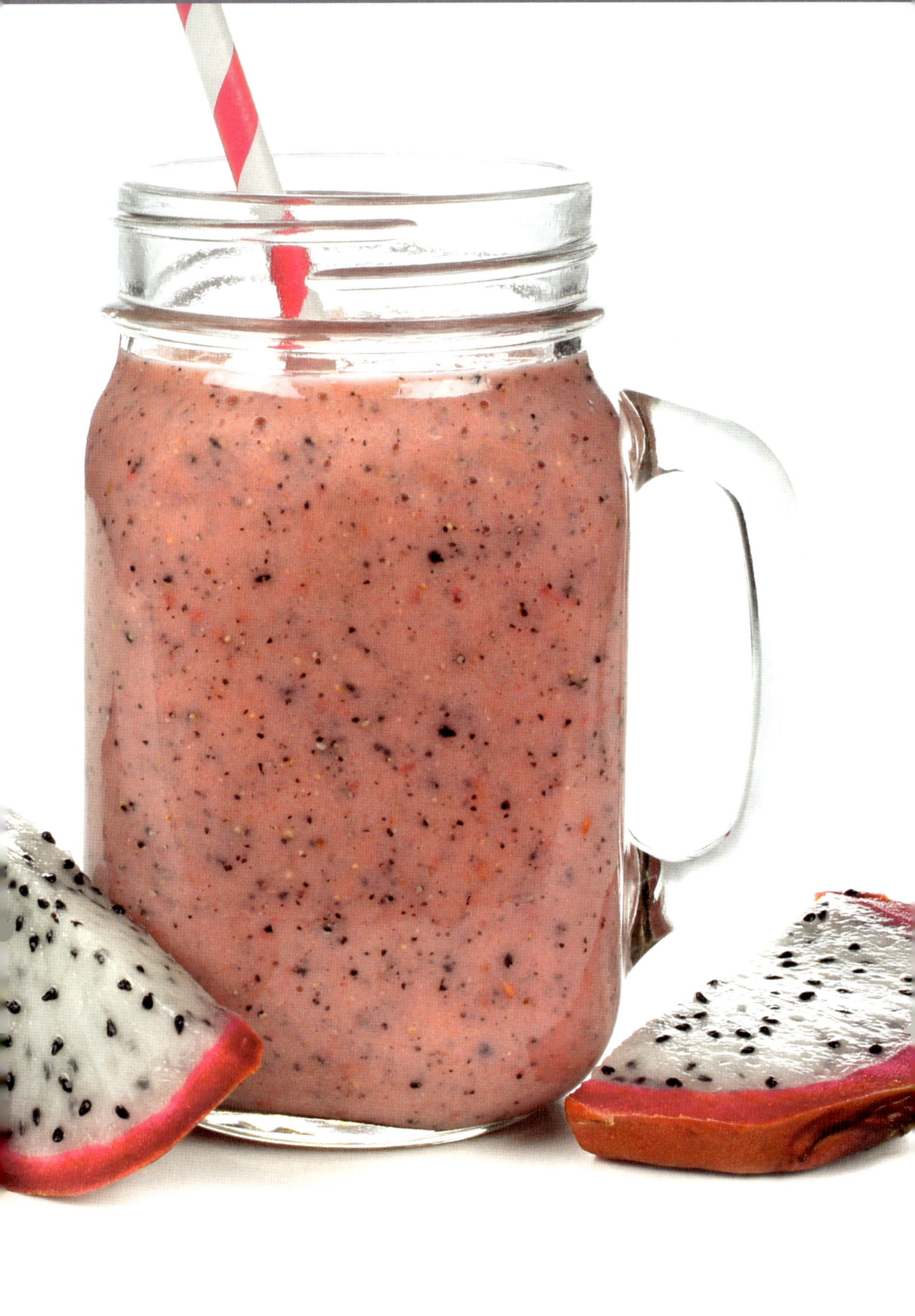

CASHEWS IN PARADISE

2 Gläser | 6 Min. | leicht

Zubereitungszeit: 6 Minuten
Zutaten für 2 Gläser

100 g Cashewkerne, ungesalzen

200 g Kokosmilch, kalt

30 g Kakaopulver, z.B. Nesquik

1 Banane, in Stücken

100 g Stracciatellaeis

35 g Crushed Ice

1. Zuerst musst du die Cashewkerne 20 Sekunden/ Stufe 8 zerkleinern.

2. Gib jetzt Kokosmilch, Kakaopulver, die geschälte Banane, Stracciatellaeis und Crushed Ice hinzu und püriere die Zutaten 2 Minuten/ Stufe 10 zu einem cremigen Smoothie.

mixtipp

Du kannst die Cashewkerne auch durch ungesalzene Erdnüsse ersetzen – dann hast du einen Snickers-Smoothie.

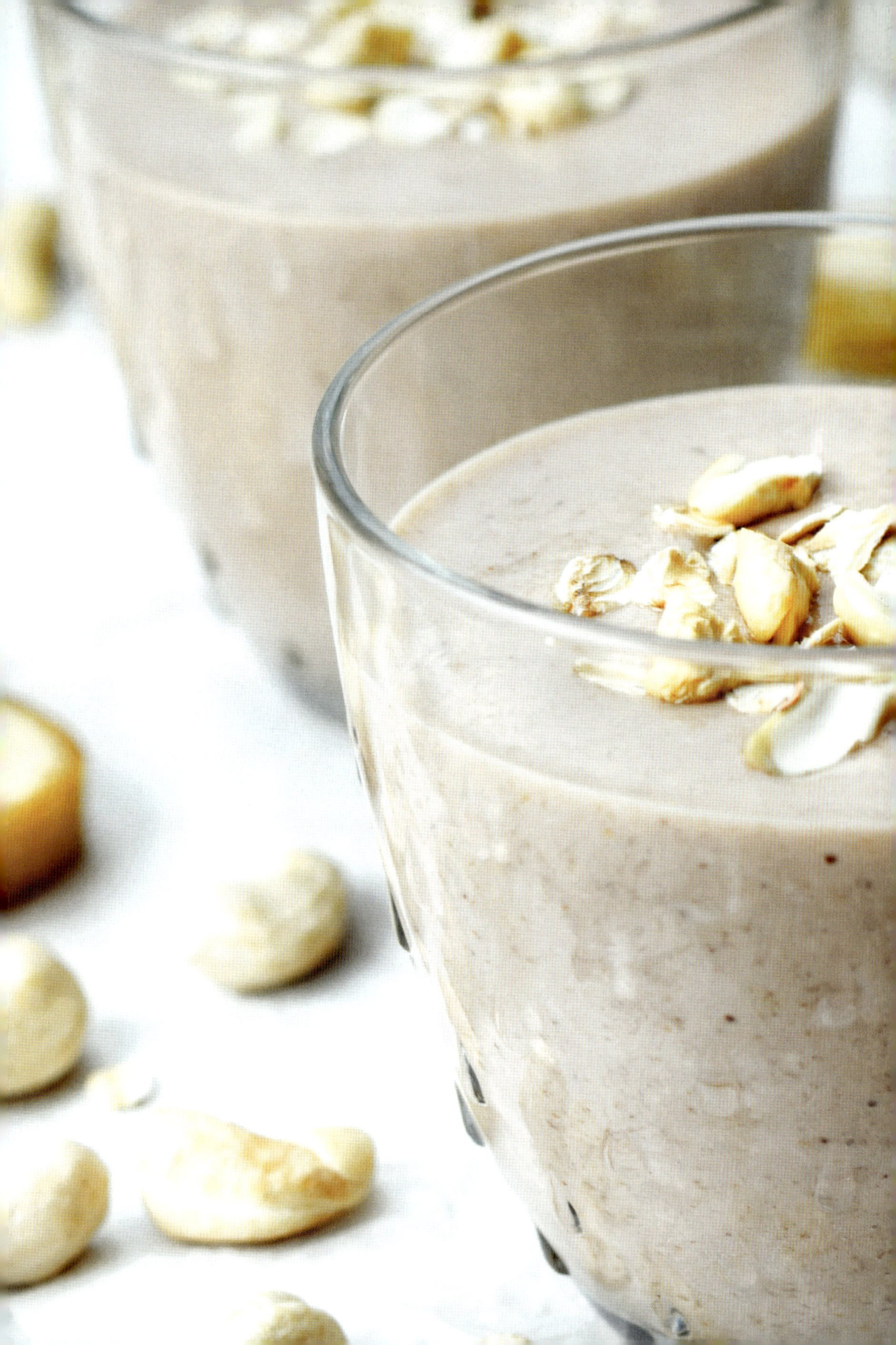

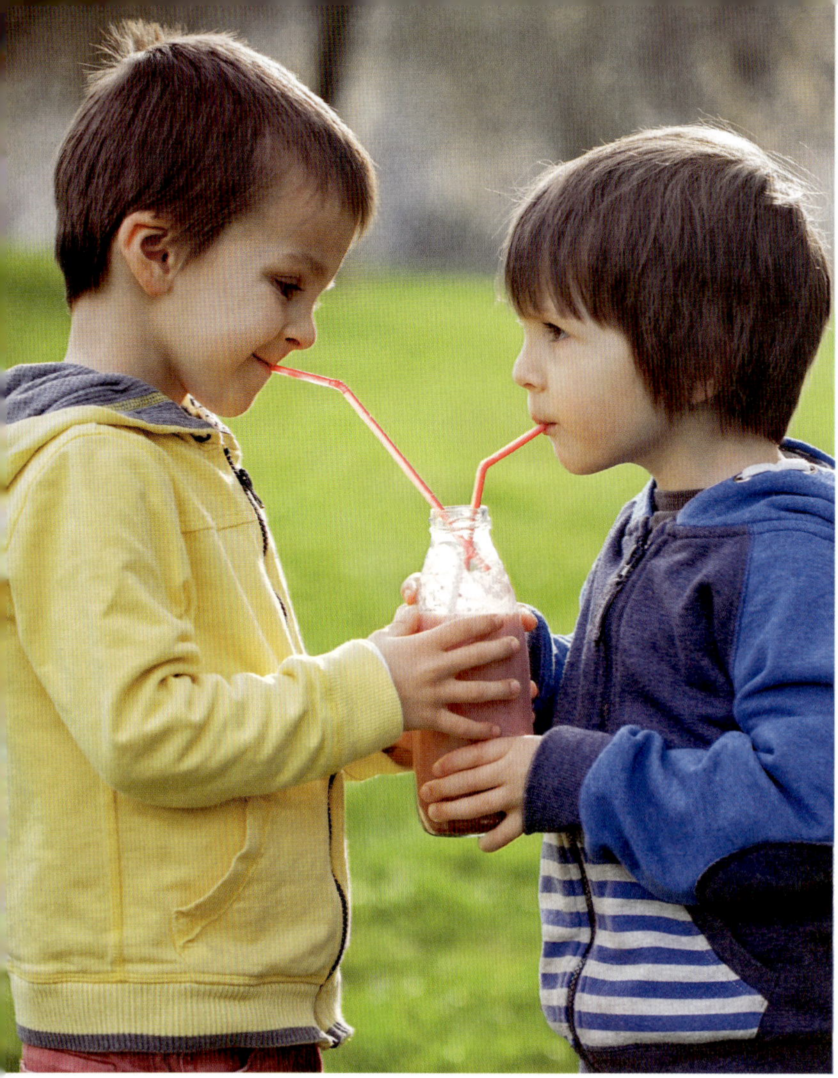
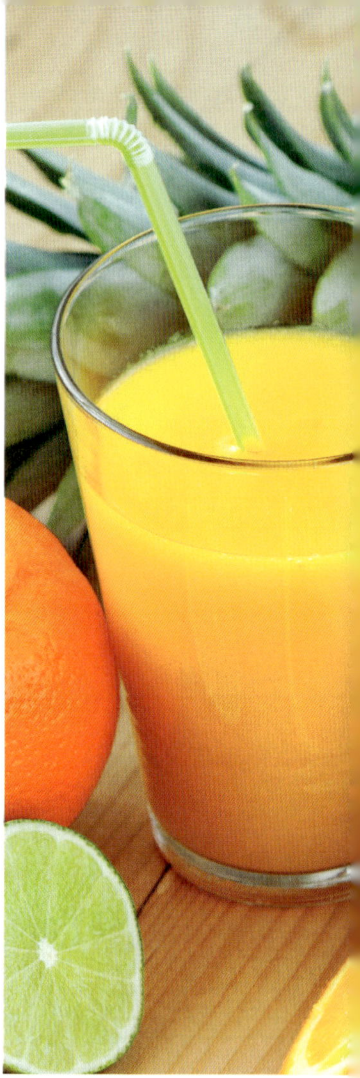
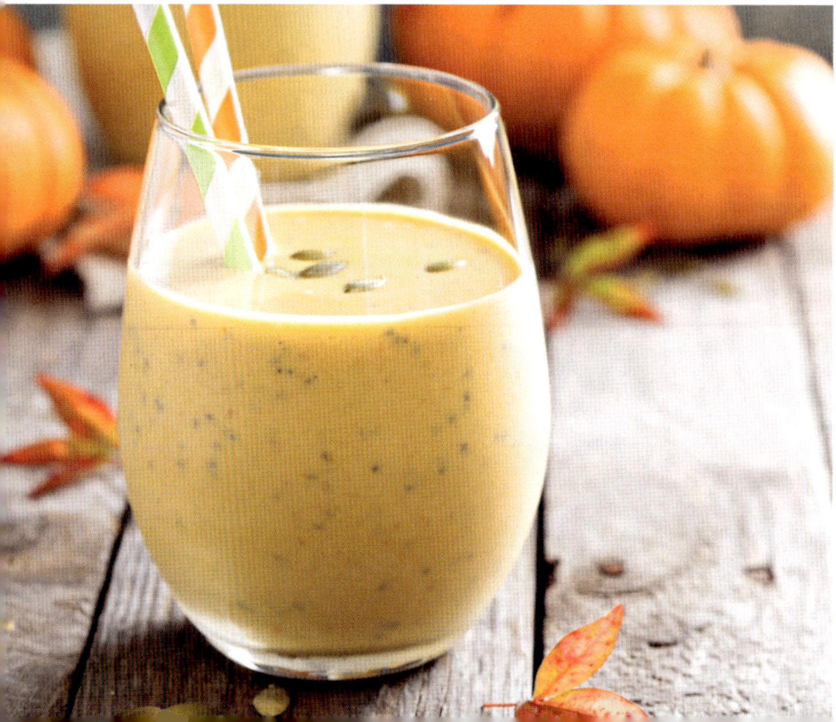
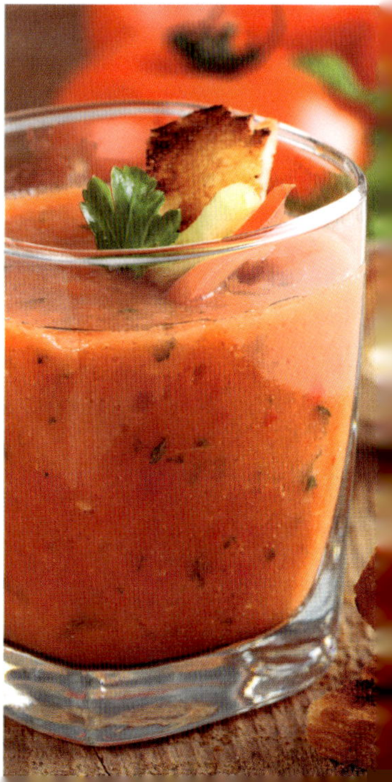

WELLNESS

Smoothies für ein gutes Gefühl und innere Entspannung

DR. FEELGOOD

Zubereitungszeit: 40 Minuten
Zutaten für 3 Gläser

1 Banane, in Stücken

1 Apfel, geviertelt

200 g Erdbeeren

2 Stangen Rhabarber, in Stücken

300 g Apfelsaft

5 g Ahornsirup

2 EL Crushed Ice

1. Als Erstes wäschst und schälst du Banane, Apfel und Erdbeeren. Leg sie geschnitten für ca. eine halbe Stunde ins Gefrierfach.

2. Nun wäschst du den Rhabarber ab, entfernst mit einem Schälmesser die äußere Haut und schneidest ihn in Stücke.

3. Lass den Rhabarber mit dem Apfelsaft 8 Minuten/ 65°C/ Stufe 2 köcheln. Anschließend lässt du die Mischung bei offenem Mixtopf abkühlen, bis das restliche Obst 30 Minuten im Gefrierfach angefroren ist.

4. Zum Schluss kannst du noch das gefrorene Obst, Ahornsirup und Crushed Ice in den Mixtopf geben, alles 2,5 Minuten/ Stufe 8 pürieren und sofort servieren.

mixtipp
Wer mag, kann noch 3-4 Basilikumblätter hinzugeben.

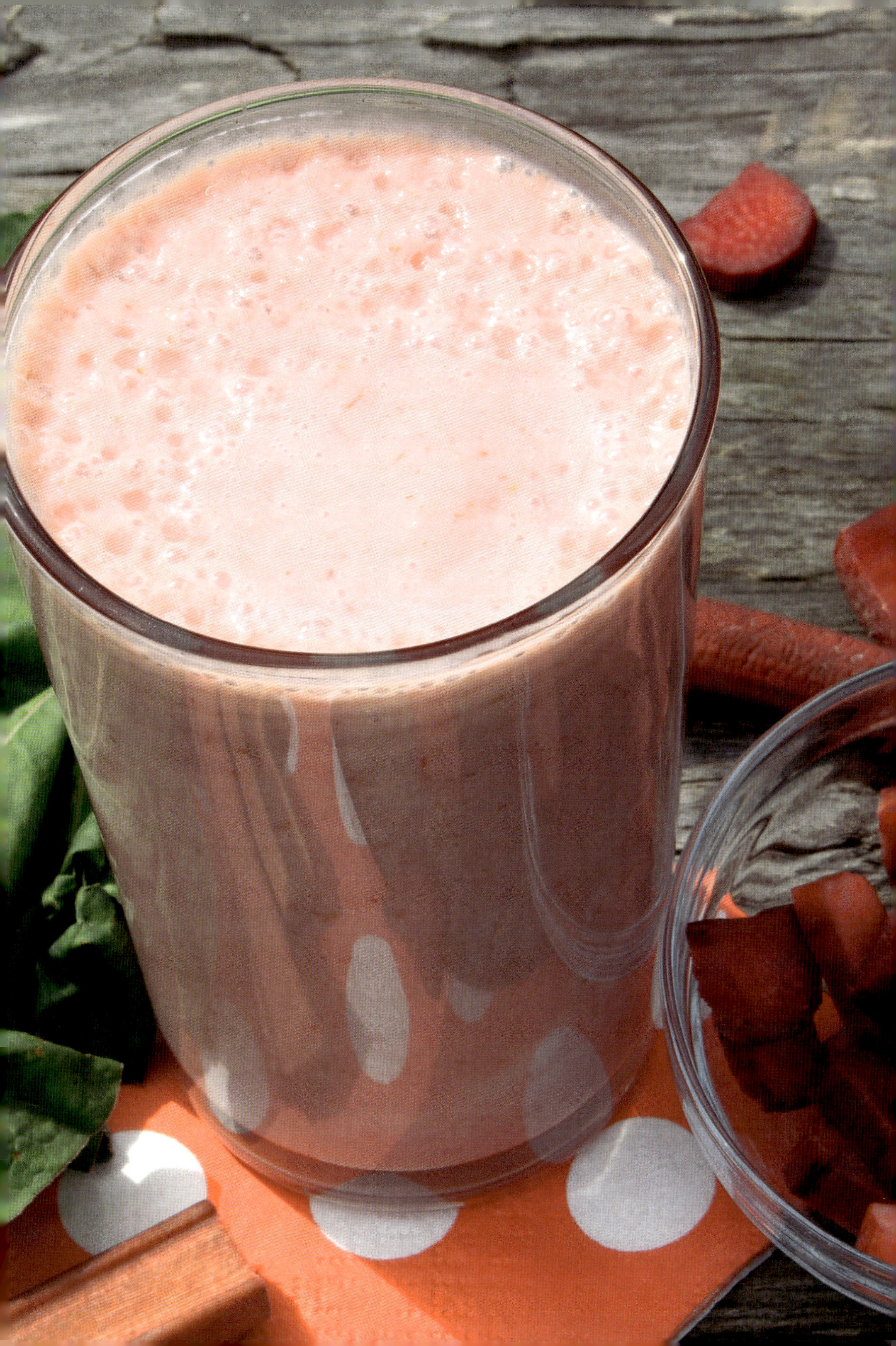

TROPICAL FEELING

Zubereitungszeit: 25 Minuten
Zutaten für 4 Gläser

2 Limetten

1 walnussgroßes Stück Ingwer

2 Mangos, in Stücken

100 g Ananas, in Stücken

6 Orangen, in Stücken

10 Eiswürfel

100 g Orangensaft, nach Belieben

1. Press die Limetten aus und stell den Saft danach zur Seite.

2. Jetzt schälst du den Ingwer, gibst ihn in den Mixtopf und zerkleinerst ihn 10 Sekunden/ Stufe 10. Schieb die Ingwerstückchen anschließend mit dem Spatel nach unten.

3. Schäle die Mangos, die Ananas und die Orangen und schneide sie in Stücke.

4. Dann gibst du den Limettensaft, die Mangos, die Ananasstücke und die Orangenstücke mit in den Mixtopf und pürierst alles 1 Minute/ Stufe 8.

5. Abschließend fügst du die Eiswürfel hinzu und mixt den Smoothie nochmals 30 Sekunden/ Stufe 8. Wenn du einen flüssigeren Smoothie bevorzugst, gibst du noch 100 g Orangensaft hinzu.

mixtipp

Mehr Vitamine brauchst du nicht. Das hier ist der wahre Powerschub.

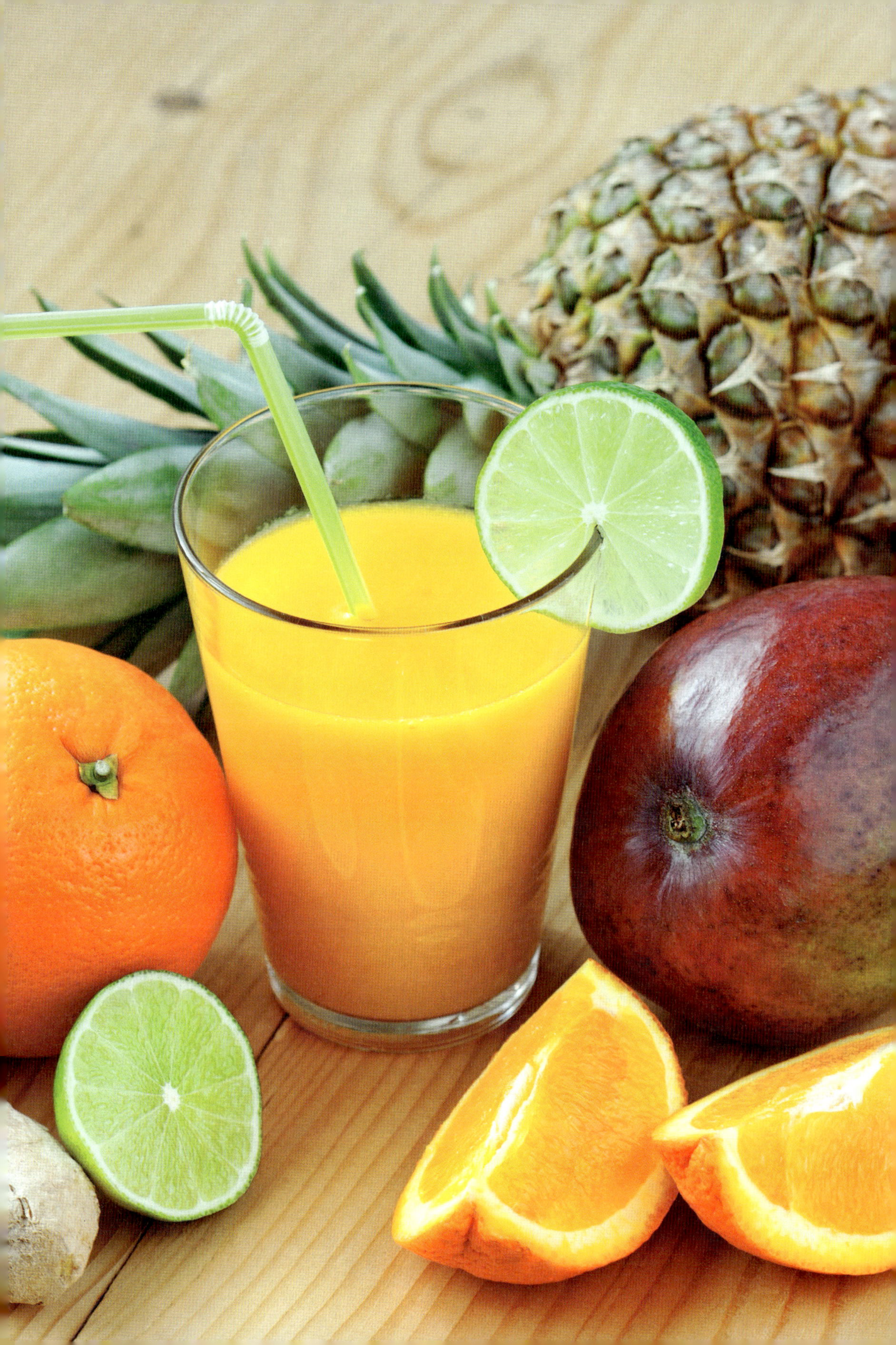

WELLNESS-WONDER

3-4 Gläser | 10 Min. | leicht

Zubereitungszeit: 10 Minuten
Zutaten für 3-4 Gläser

400 g Erdbeeren

300 g Mangosaft

15 g Zitronensaft

Schale ½ Bio-Zitrone

50 g Eiswürfel

1. Entferne zuerst die grünen Blätter von den Erdbeeren. Wasche die Erdbeeren ab und gib sie in den Mixtopf.

2. Darauf gibst du nun Mangosaft, Zitronensaft, die Zitronenschale und die Eiswürfel und pürierst das Wellness-Wonder dann 1 Minute/ Stufe 10.

mixtipp

Gönn dir eine Auszeit, schalte dein Handy aus und genieße den Smoothie in aller Ruhe.

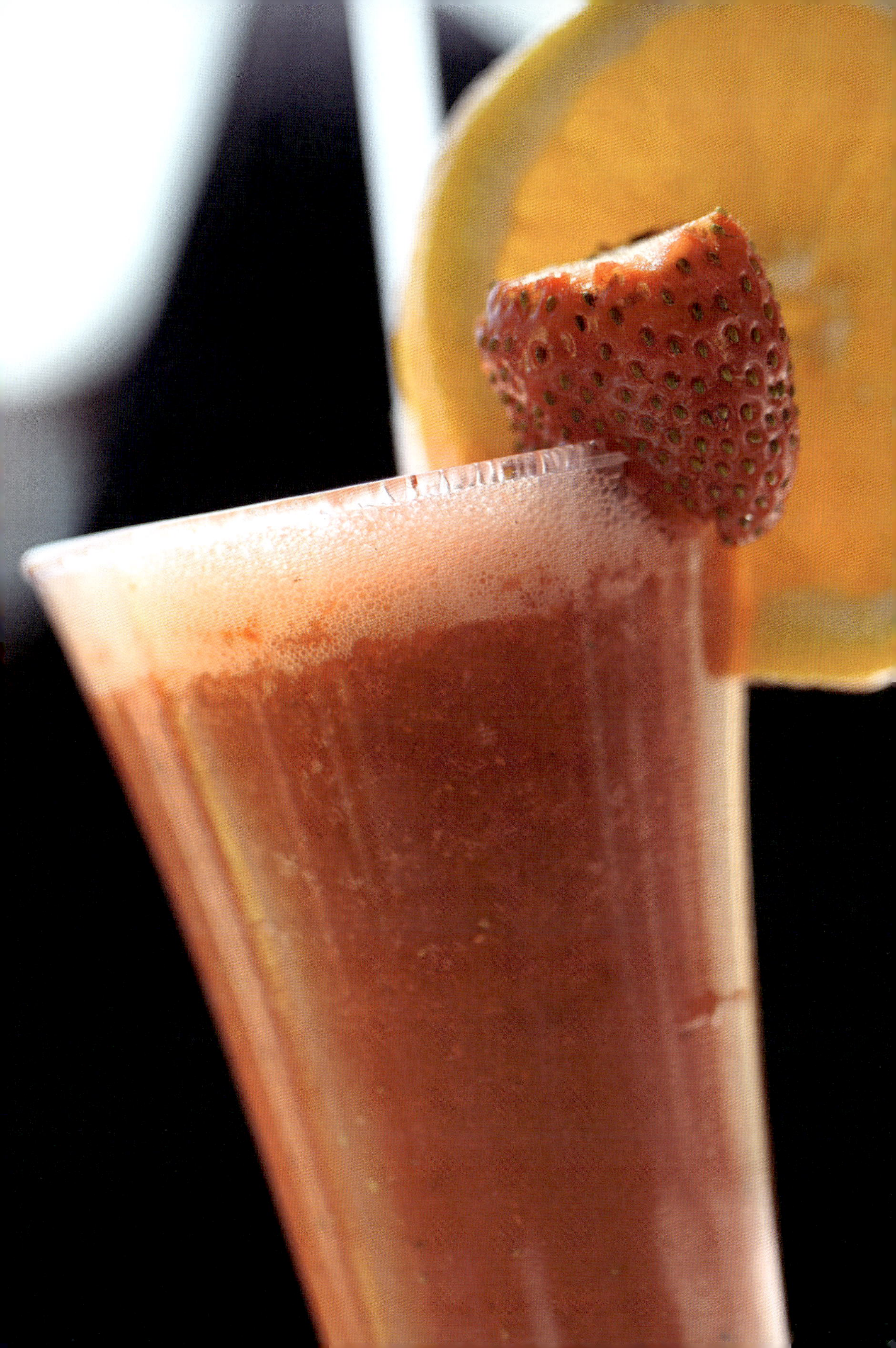

CAPRI-SMOOTHIE

3 Gläser | 12 Min. | mittel

Zubereitungszeit: 12 Minuten
Zutaten für 3 Gläser

20 g Parmesankäse

2 große Tomaten, halbiert

1 rote Paprika, geviertelt

½ kleine Knoblauchzehe

1 Bund Rucola

1 EL Basilikumpesto

250 g Tomatensaft

1. Zerkleinere als Erstes den Parmesan im Mixtopf 15 Sekunden/ Stufe 10 und stell ihn in einem Schüsselchen beiseite.

2. Jetzt wäschst du die Tomaten heiß ab und entfernst die Haut. Schneide sie in Hälften. Auch die Paprika wäschst du, entfernst Strunk und Kerne und viertelst sie.

3. Gib nun Tomaten, Paprika, Knoblauch, Rucola, Basilikumpesto und Tomatensaft in den Mixtopf und püriere alle Zutaten 1,5 Minuten/ Stufe 10.

4. Zum Servieren füllst du den Tomatensmoothie in Gläser um und bestreust ihn mit dem frisch geriebenen Parmesankäse.

mixtipp
Du kannst den Smoothie auch mit Croûtons garnieren und als Tomaten-Gazpacho servieren.

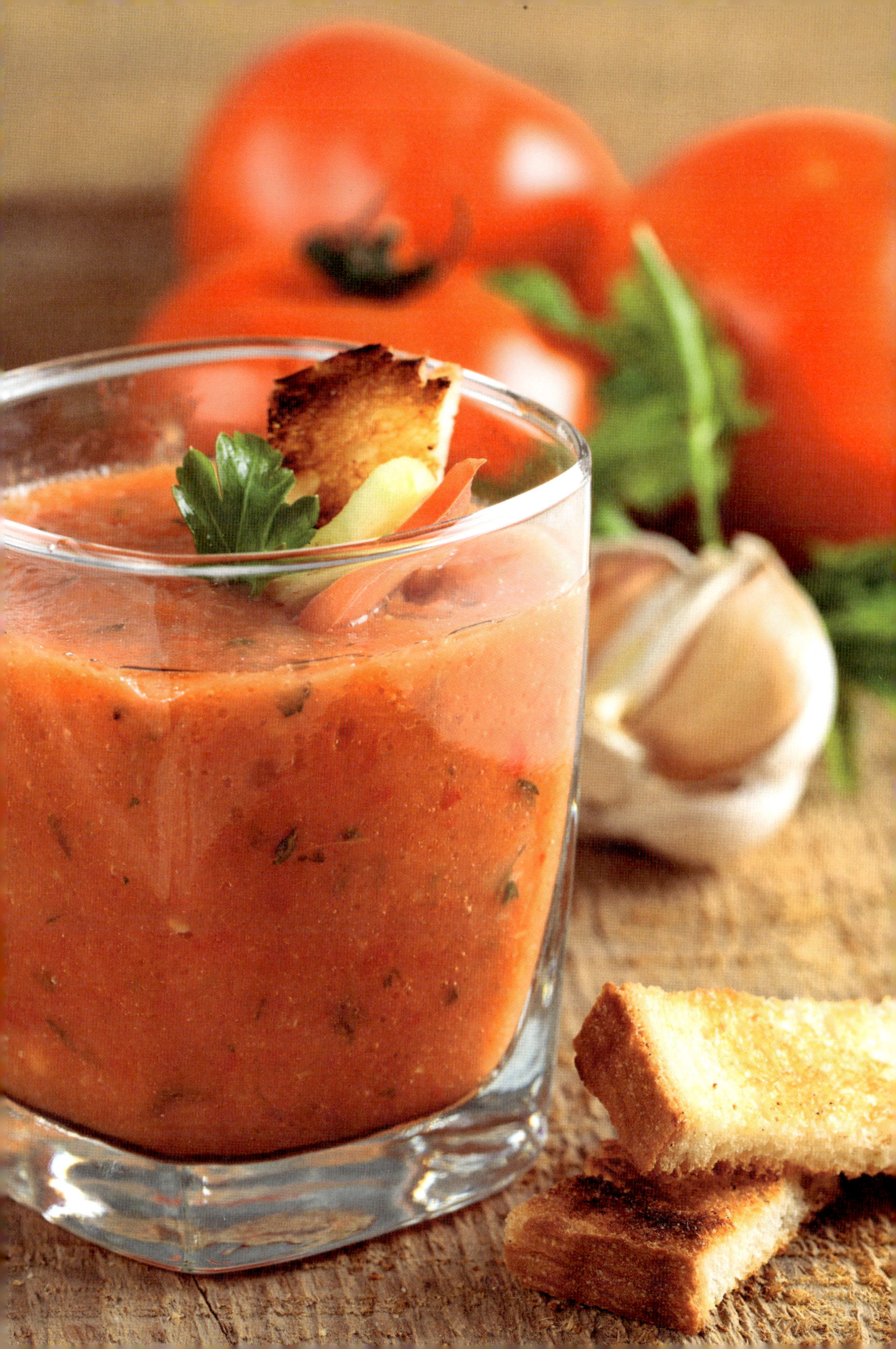

GOOD VIBRATIONS

4 Gläser | 10 Min. | leicht

Zubereitungszeit: 10 Minuten
Zutaten für 4 Gläser

500 g rote Weintrauben
1 Mango, in Stücken
1 Banane, in Stücken
150 g Joghurt
100 g Milch
1 EL Agavendicksaft
3-4 Eiswürfel

1. Wasche die Weintrauben, schäle und halbiere die Mango, entferne den Kern und schneide sie in grobe Stücke. Die Banane schälst du ebenfalls und schneidest sie auch in Stücke.

2. Nun stellst du ein paar der Weintrauben zum Garnieren für später beiseite.

3. Gib die restlichen Weintrauben zusammen mit den Mangostückchen und Bananenstücken, Joghurt, Milch, Agavendicksaft und Eiswürfeln in den Mixtopf und püriere die Mischung 1 Minute/ Stufe 9.

4. Jetzt kannst du den Smoothie in Gläser füllen, mit den zur Seite gestellten Weintrauben dekorieren und sofort servieren.

mixtipp
Nutze zum Schälen der Mango am besten einen Sparschäler.

GRÜNER RUMFORT-SMOOTHIE

Zubereitungszeit: 15 Minuten
Zutaten für 2-3 Gläser

1 Handvoll Feldsalat
½ Salatgurke, in Stücken
1 Stängel Staudensellerie, in Stücken
1 Handvoll Weintrauben
1 Möhre, in Stücken
200 g Orangensaft
50 g Crushed Ice

1. Wasche den Feldsalat und lass ihn abtropfen. Wasche auch die Salatgurke und schneide sie in Stücke. Den Staudensellerie putzt du und schneidest ihn klein. Gib dann den Salat, die Gurkenstücke und den Sellerie in den Mixtopf.

2. Die Weintrauben wäschst du und tupfst sie trocken. Schäle die Möhre und schneide sie in grobe Stücke. Füge die Möhrenstückchen und die Weintrauben zum Gemüse im Mixtopf hinzu. Mixe alles 1 Minute/ Stufe 10.

3. Zum Schluss gießt du noch den Orangensaft in den Mixtopf, gibst das Crushed Ice hinzu und pürierst alles zusammen 2 Minuten/ Stufe 10.

mixtipp

Rumfort ist im eigentlichen Sinne eine Art Resteverwertung. Du darfst also bei den Zutaten ruhig kreativ sein.

YELLOW MELLOW-SPINAT-SMOOTHIE

3-4 Gläser | 25 Min. | mittel

Zubereitungszeit: 25 Minuten
Zutaten für 3-4 Gläser

- 2 große Handvoll junge Spinatblätter
- 1 Papaya, in Stücken
- 1 Banane, in Stücken
- 1 Orange, in Stücken
- Saft von ½ Zitrone
- 100 g Orangensaft

1. Als Erstes wäschst du den Spinat gut und trocknest ihn ab.

2. Dann wäschst und schälst du Papaya, Banane und Orange und schneidest alles in Stücke. Achte bei der Orange darauf, auch die weiße Haut um das Fruchtfleisch zu entfernen. Nun gibst du den Spinat mit den Obststücken, dem Zitronensaft und 1/3 des Orangensaftes in den Mixtopf und pürierst alles 1 Minute/Stufe 10.

3. Anschließend gießt du den restlichen Saft hinzu und schlägst den Smoothie nochmals für 1 Minute/Stufe 8 cremig auf.

mixtipp

Statt der Papaya passen zu diesem Smoothie auch gut Himbeeren oder Melone.

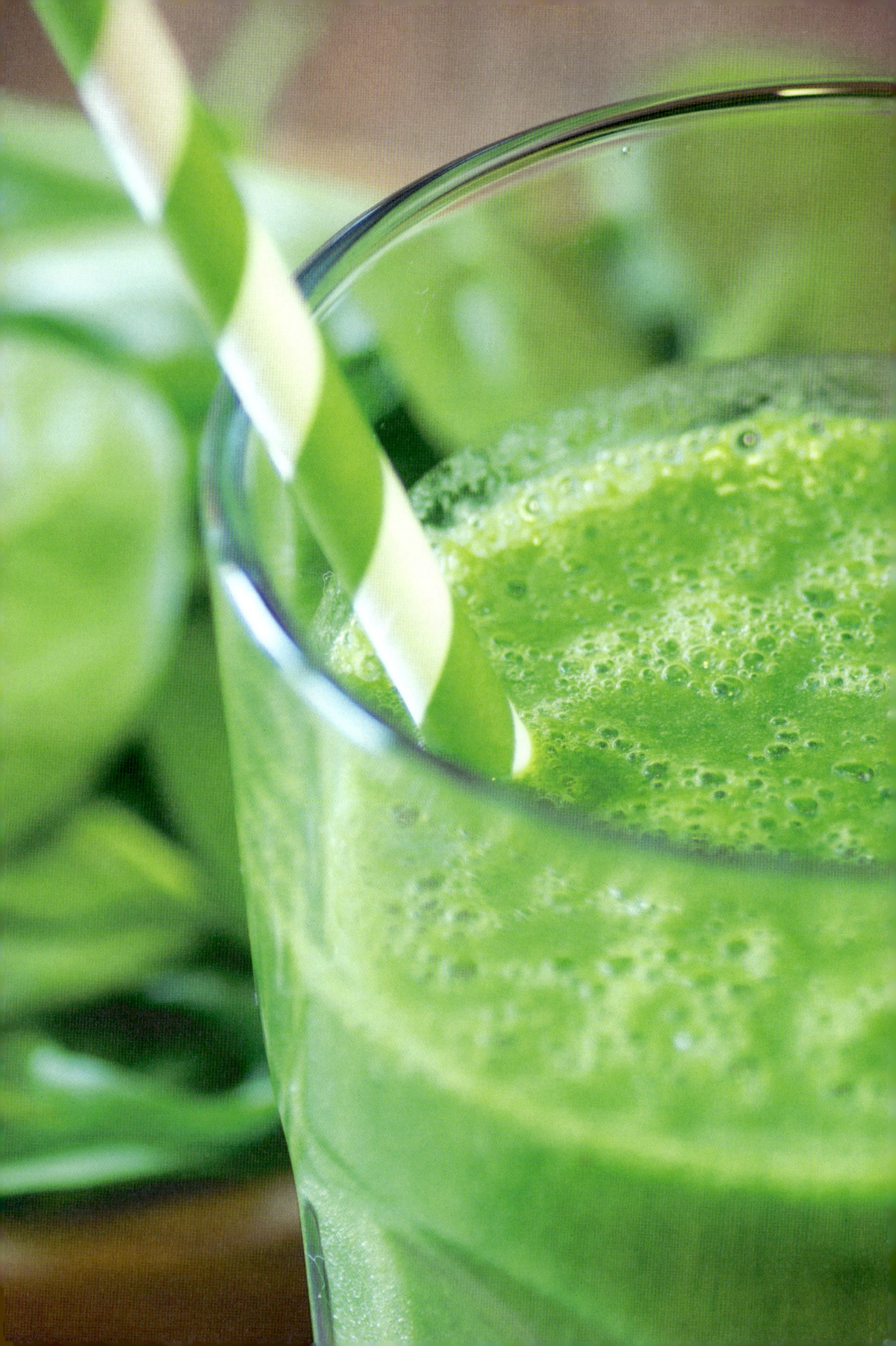

SEXY AND YOU KNOW IT

Zubereitungszeit: 6 Minuten
Zutaten für 2 Gläser

1 kleine Knoblauchzehe

200 g Blattspinat, gefroren

200 g Naturjoghurt

1 Prise Salz

1 TL Zitronensaft

1 Prise Zucker

5 Cocktailtomaten

1. Zuerst zerkleinerst du den geschälten Knoblauch 5 Sekunden/ Stufe 5 und schiebst die Stückchen mit dem Spatel herunter.

2. Zerkleinere dann den Blattspinat 30 Sekunden/ Stufe 8 im Mixtopf, schieb den Spinat danach mit dem Spatel nach unten.

3. Füge Naturjoghurt, Salz, Zitronensaft, Zucker und Tomaten hinzu und vermenge die Zutaten 2 Minuten/ Stufe 10 zu einem leckeren Smoothie.

mixtipp

Wer es würziger mag, mischt noch 20 g Schafskäse unter.

99

RIBISEL-SMOOTHIE

2-3 Gläser | 6 Min. | leicht

Zubereitungszeit: 6 Minuten
Zutaten für 2-3 Gläser

150 g Erdbeeren, gefroren

200 g Johannisbeeren

10 g Vanillezucker

150 g Wasser, kalt

30 g Crushed Ice

1. Zerkleinere die Erdbeeren 20 Sekunden/ Stufe 8 im Mixtopf.

2. Wasche die Johannisbeeren, gib sie zusammen mit dem Vanillezucker, Wasser und Crushed Ice hinzu und vermische alles 2 Minuten/ Stufe 10.

mixtipp
Du kannst statt der Johannisbeeren auch rote Stachelbeeren verwenden.

101

SPORTY-SPICE

Zubereitungszeit: 12 Minuten
Zutaten für 2-3 Gläser

300 g Honigmelone, in Stücken

1 Zespri, halbiert

1 Banane, in Stücken

150 g Wasser

35 g Crushed Ice

1. Trenne das Fruchtfleisch der Melone von der Schale. Schäle die Zespri und die Banane und schneide beides in Stücke.

2. In den Mixtopf gibst du jetzt die Melonenstückchen, die Zesprihälften, die Bananenstücke, Wasser und Crushed Ice. Püriere sie zusammen 2 Minuten/Stufe 10 zu einem leckeren Smoothie.

mixtipp

Toll als Aperitif mit einer Scheibe Parmaschinken garniert.

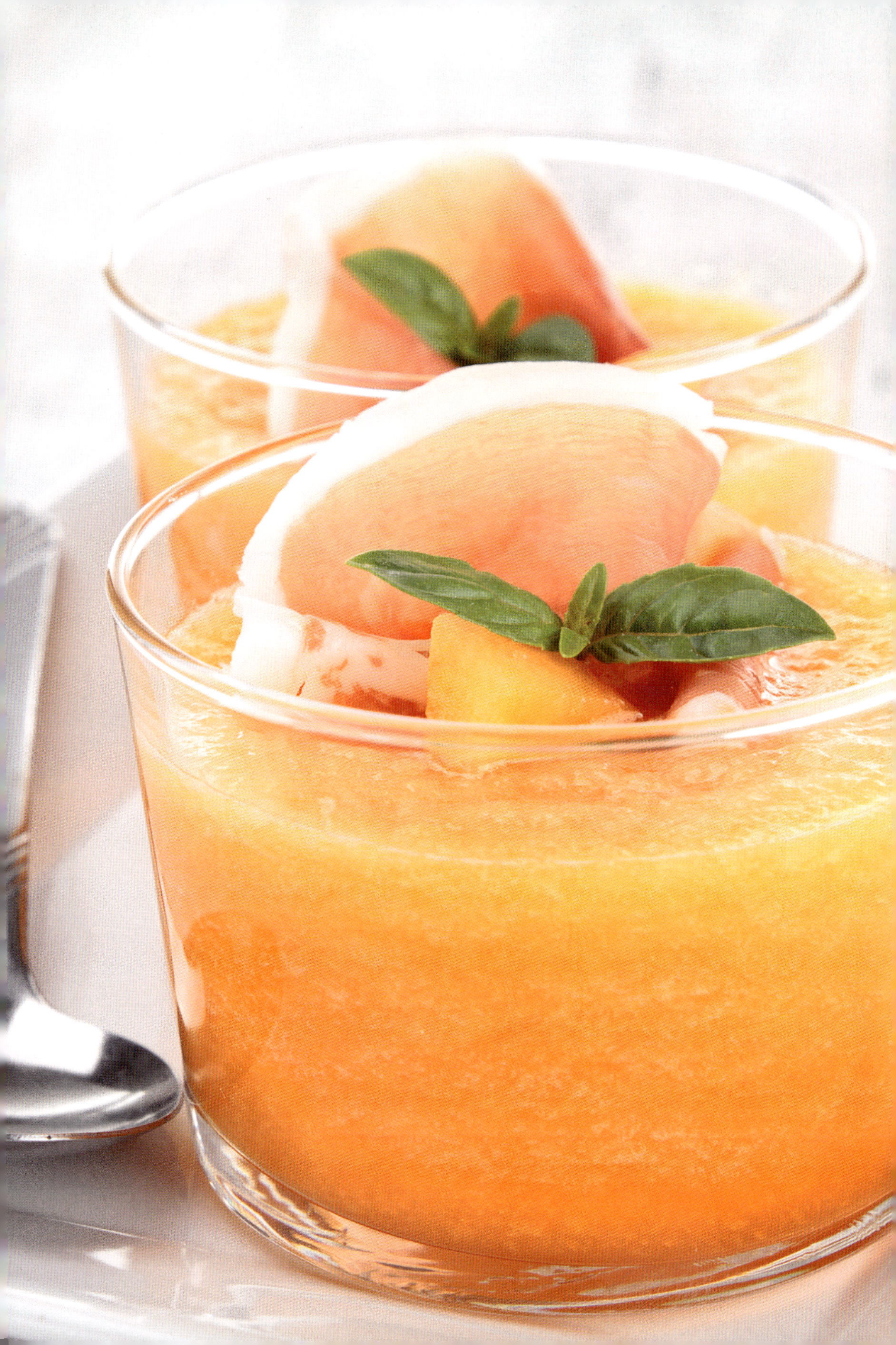

HALLOWEEN-SMOOTHIE

3 Gläser | 15 Min. | mittel

Zubereitungszeit: 15 Minuten
Zutaten für 3 Gläser

100 g Möhren, in Stücken

200 g Hokkaido-Kürbis, in Würfeln

1 Apfel, geviertelt und entkernt

1 EL Chia-Samen

300 g Wasser, kalt

50 g Crushed Ice

Kürbiskerne zum Garnieren

1. Zuerst schälst du die Möhren und schneidest sie zusammen mit dem Kürbis in grobe Stücke.

2. Außerdem entkernst du den Apfel und viertelst ihn.

3. Gib die Kürbisstücke, die Möhren, den Apfel, die Chia-Samen und das Wasser in den Mixtopf und mixe alles 2 Minuten/ Stufe 10.

4. Zum Schluss fügst du noch das Crushed Ice hinzu und mixt den Smoothie nochmals 30 Sekunden/ Stufe 8. Garniere ihn mit Kürbiskernen.

mixtipp
Wenn du magst, serviere den Smoothie einfach in einem kleinen ausgehöhlten Kürbis. Sieht toll aus!

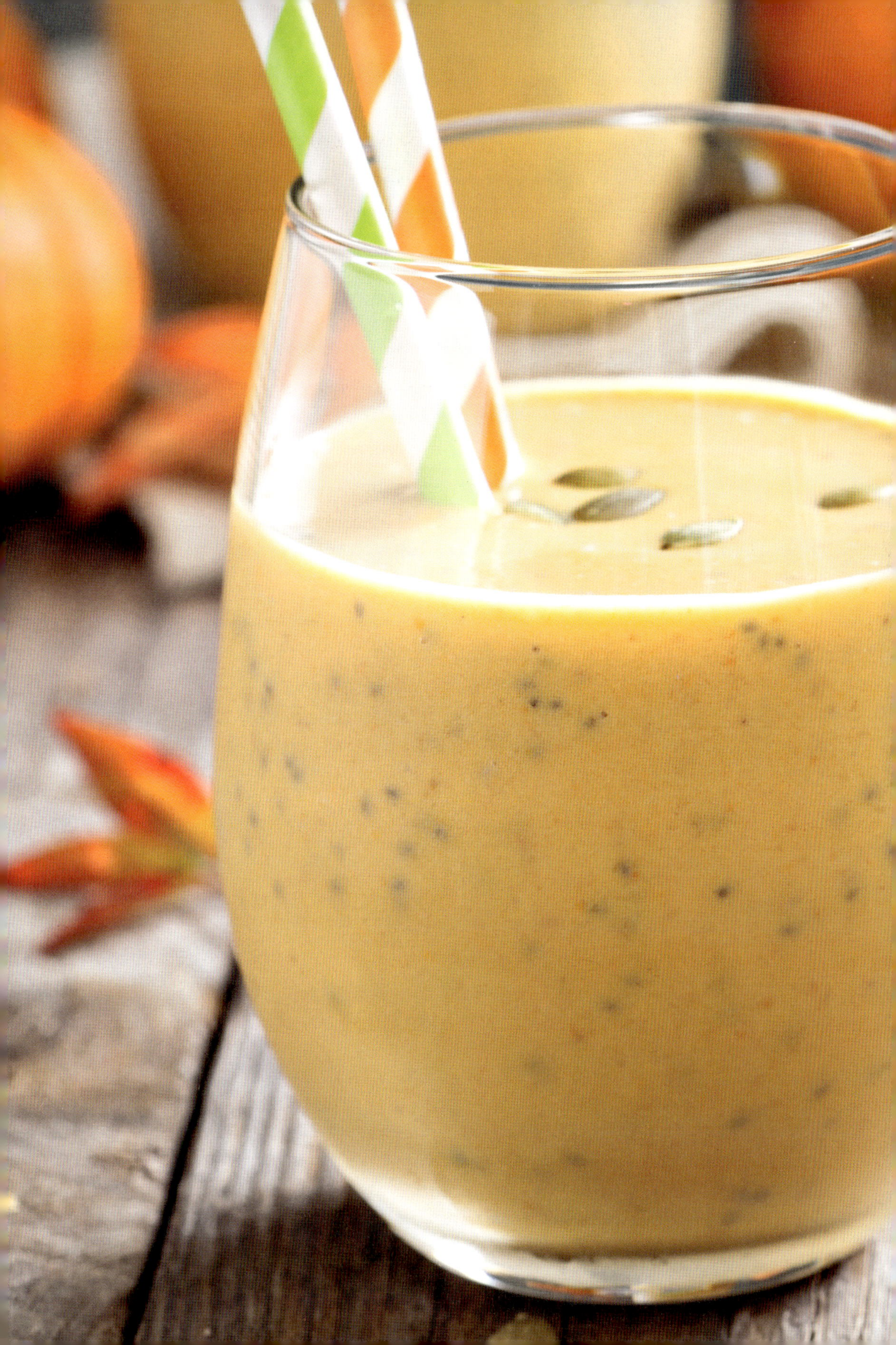

DAYDREAM

3 Gläser | 20 Min. | leicht

Zubereitungszeit: 20 Minuten
Zutaten für 3 Gläser

150 g Ananas, in Stücken

200 g Litschis, geschält und entkernt

200 g Kokosmilch

45 g Crushed Ice

1. Schäle die Ananas und schneide sie in Stücke und, wenn nötig, schäle und entkerne die Litschis.

2. Ananas, Litschis, Kokosmilch und Crushed Ice füllst du anschließend in den Mixtopf und zerkleinerst die Mischung 2 Minuten/ Stufe 10.

mixtipp

Litschis wirken basisch auf den Säure-Basen-Haushalt und sind, obwohl sie sehr süß schmecken, kalorienarm.

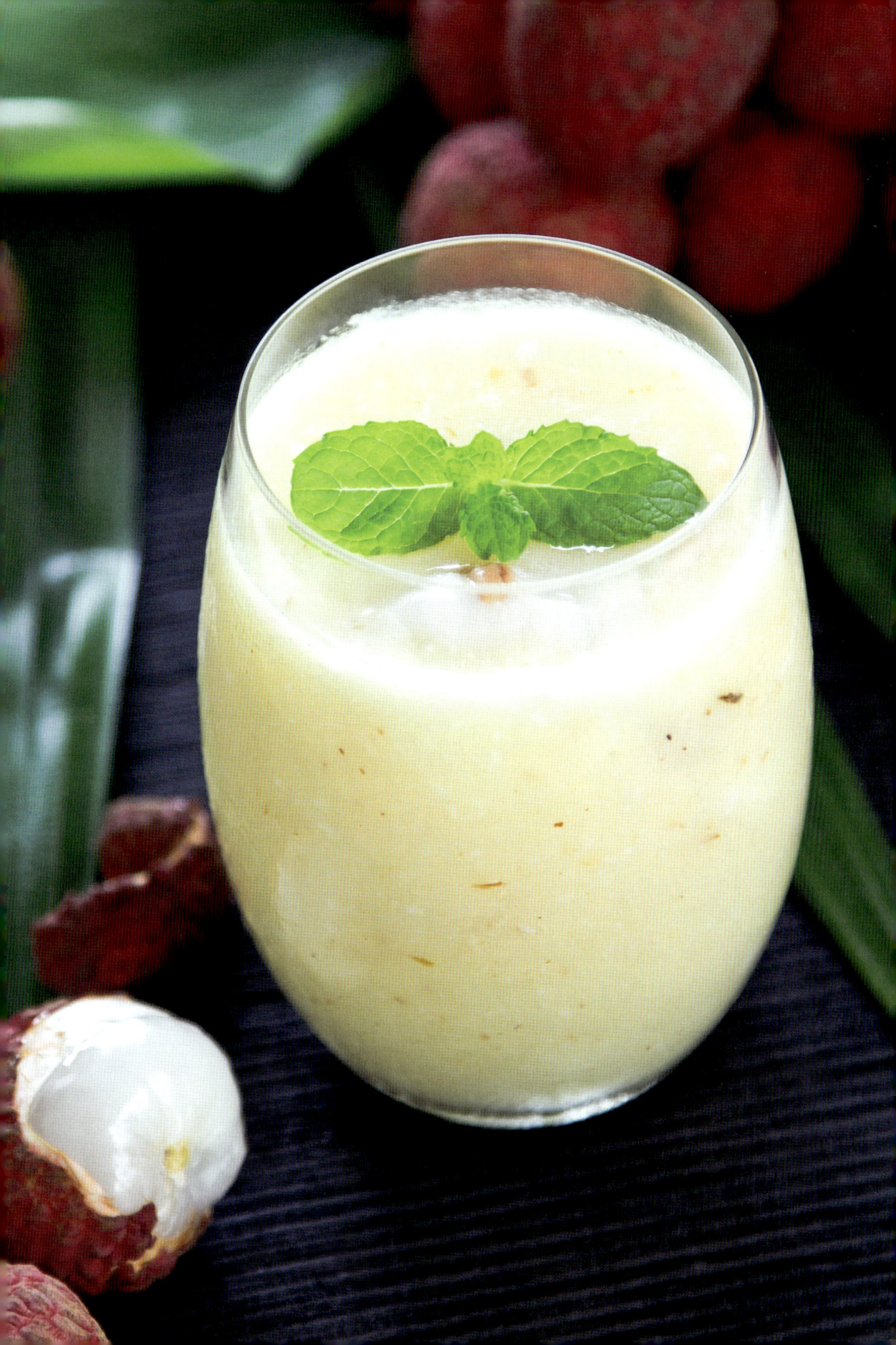

mixtipp

MIXT DU SCHON?

Du bist ein Fan des Thermomix?

Du hast kreative Ideen, die du gerne mit deinem Thermomix umsetzt?

Du möchtest immer wieder neue Rezepte mit deinem Thermomix ausprobieren?

Dann suchen wir dich!

Ob internationale Küche, feine Backideen oder saisonale Rezepte, von der Haute Cuisine bis zur Hausmannskost, vom Lieblingsessen für die Kleinen bis zu raffinierten Spezialitäten für die große Party – wir suchen innovative Ideen fürs Kochen mit dem Thermomix!

Wenn du Lust hast, ein Kochbuch mit uns zu machen, Rezepte für eins unserer nächsten Thermomix-Bücher aus deiner persönlichen Sammlung beizusteuern oder deine Tipps und Tricks mit anderen Thermomix-Fans teilen willst, melde dich bei uns:

Edition Lempertz, Team MIXtipp, Hauptstr. 354, 53639 Königswinter
Tel.: 02223 / 900036, Fax: 02223 / 900038
info@edition-lempertz.de, www.edition-lempertz.de

LEMPERTZ

WEITERE TITEL DER MIXTIPP-REIHE

**MIXtipp:
Baby- und Kleinkinder-Rezepte**
96 Seiten,
Format: 17 x 24 cm,
Klappenbroschur,
durchgehend farbig bebildert
ISBN: 978-3-945152-53-9,
9,99 €

**MIXtipp:
Lasst uns Grillen**
120 Seiten,
Format: 17 x 24 cm,
Klappenbroschur,
durchgehend farbig bebildert
ISBN: 978-3-945152-69-0,
9,99 €

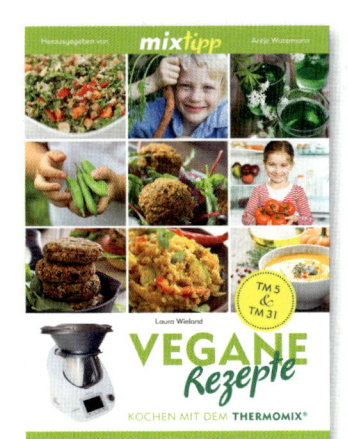

**MIXtipp:
Vegane Rezepte**
112 Seiten,
Format: 17 x 24 cm,
Klappenbroschur,
durchgehend farbig bebildert
ISBN: 978-3-945152-52-2,
9,99 €

**MIXtipp:
Mediterrane Rezepte**
104 Seiten,
Format: 17 x 24 cm,
Klappenbroschur,
durchgehend farbig bebildert
ISBN: 978-3-945152-51-5,
9,99 €

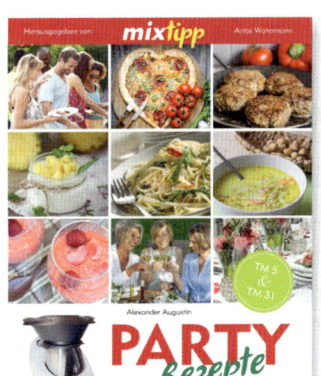

**MIXtipp:
Party-Rezepte**
104 Seiten,
Format: 17 x 24 cm,
Klappenbroschur,
durchgehend farbig bebildert
ISBN: 978-3-945152-50-8,
9,99 €

**MIXtipp:
Leichte Küche**
120 Seiten,
Format: 17 x 24 cm,
Klappenbroschur,
durchgehend farbig
bebildert
ISBN: 978-3-945152-70-6,
9,99 €

**MIXtipp:
Lieblings-
marmeladen**
104 Seiten,
Format: 17 x 24 cm,
Klappenbroschur,
durchgehend farbig
bebildert
ISBN: 978-3-945152-72-0,
9,99 €

**MIXtipp:
Lieblings-Suppen**
112 Seiten,
Format: 17 x 24 cm,
Klappenbroschur,
durchgehend farbig
bebildert
ISBN: 978-3-945152-73-7,
9,99 €

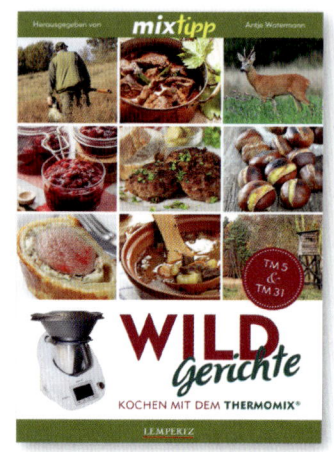

**MIXtipp:
Wildgerichte**
128 Seiten,
Format: 17 x 24 cm,
Klappenbroschur,
durchgehend farbig
bebildert,
ISBN: 978-3-945152-74-4,
9,99 €

**MIXtipp:
Lieblingsrezepte
zu Weihnachten**
120 Seiten,
Format: 17 x 24 cm,
Klappenbroschur,
durchgehend farbig
bebildert
ISBN: 978-3-945152-75-1,
9,99 €

**MIXtipp:
Basische Rezepte**
120 Seiten,
Format: 17 x 24 cm,
Klappenbroschur,
durchgehend farbig
bebildert,
ISBN: 978-3-945152-21-8,
9,99 €

ERSCHEINT 2016

MIXtipp: Spanische Rezepte
ca. 104 Seiten, Format: 17 x 24 cm,
Klappenbroschur, durchgehend farbig bebildert,
ISBN: 978-3-945152-28-7
9,99 €
Erscheint April 2016

Ob die Gemüsepfanne Pisto manchego aus Kastilien-La Mancha, Croquetas de Jamón andalusischer Art oder die süße Crema Catalana: Mit diesen Gerichten holst du dir Spanien ins Haus! In diesem Buch stellt das Team MIXtipp die besten Rezepte der spanischen Küche vor. Neben regionalen Gerichten kommen aber auch Klassiker wie Paella, ein an heißen Sommertagen erfrischender Salmorejo oder Gazpacho oder eine Tortilla Española nicht zu kurz.

MIXtipp: Lieblingseis
ca. 96 Seiten, Format: 17 x 24 cm,
Klappenbroschur, durchgehend farbig bebildert,
ISBN: 978-3-945152-71-3,
9,99 €
Erscheint Mai 2016

Lust auf Eis? Ob es ganz klassische Vanille-, leckere Schoko-Cookie oder eine ausgefallene Kreation wie Kiwi-Mango-Eiscreme sein soll: Mit dieser Rezeptsammlung und dem Thermomix kannst du ganz einfach und schnell deine Lieblingseissorten zaubern! Dabei findest du alles vom erfrischenden Wassereis und Sorbet über cremig-süßes Milcheis bis zu den besten Fruchteissorten – genau das Richtige an einem heißen Sommertag!

MIXtipp: Party-Rezepte II
ca. 104 Seiten, Format: 17 x 24 cm,
Klappenbroschur, durchgehend farbig bebildert,
ISBN: 978-3-945152-23-2,
9,99 €
Erscheint Juni 2016

Geburtstag, Sommerfete, Familienfest – einen Grund zum Feiern gibt es immer. Und was braucht es dafür neben netten Leuten und schönem Ambiente? Genau, zünftiges Partyfood und gute Drinks! In *Mixtipp: Party-Rezepte 2* findest du wieder die ganze Bandbreite an fetentauglichen Leckereien: Von Frischkäsebällchen über Kartoffel-Lachs-Gratin bis hin zu Erdbeerlimes gibt es hier etwas, was jeden Partygast glücklich macht. Und wie immer garantiert dir der Thermomix dabei eine stressfreie Feten-Vorbereitung!

MIXtipp: Lieblingskuchen
ca. 104 Seiten, Format: 17 x 24 cm,
Klappenbroschur, durchgehend farbig bebildert,
ISBN: 978-3-945152-18-8,
9,99 €
Erscheint Juni 2016

Lust auf was Süßes aus dem Ofen? Egal ob mit Früchten oder trocken, mit Sahne oder ohne, locker flockig oder mehrstöckig – diesen Backwerken kann niemand widerstehen! Mit dem Thermomix kannst du jetzt ganz einfach und schnell deine Lieblingskuchen zaubern! Sowohl mit dem TM 5 als auch mit dem TM 31 lassen sich alle Rezepte superschnell zubereiten und mischen. Von Teilchen bis Torten wirst du feststellen: Jede diese Leckereien ist ein Gedicht!

MIXtipp: Bayrische Schmankerl
ca. 104 Seiten, Format: 17 x 24 cm,
Klappenbroschur, durchgehend farbig bebildert,
ISBN: 978-3-945152-20-1,
9,99 €
Erscheint Juli 2016

Es gibt nix Besseres als was Guads. Bayern, Oktoberfest, Wiesn-Zeit: Mit unseren Mixtipp-Schmankerln kannst du zu jeder Zeit dein eigenes Oktoberfest feiern. Typische bayrische Brotzeiten wie Obatzter mit Brezeln, Kalbshaxn oder Schwammerlsuppe dürfen dabei nicht fehlen. Das Mixtipp-Team hat in diesem Band die besten Bayrischen Schmankerln zusammengestellt und wünscht allen: An Guaden.

Erscheint 2016

Peter Kapp
**mixtipp Profilinie:
Kapps Brot**

120 Seiten, Format: 20 x 25,5 cm,
Hardcover, durchgehend farbig bebildert,
ISBN: 978-3-945152-76-8,
19,99 €

Georg Bernardini
**mixtipp Profilinie:
Meine Schokolade**

ca. 128 Seiten, Format: 20 x 25,5 cm,
Hardcover, durchgehend farbig bebildert,
ISBN: 978-3-945152-31-7,
19,99 €